LE DÉFI DE LA PRÉDICATION

Langham

PREACHING RESOURCES

LE DÉFI DE LA PRÉDICATION

Transmettre la Parole de Dieu
dans le Monde d'Aujourd'hui

John Stott

Abrégé et mis à jour par
Greg Scharf

Langham
PREACHING RESOURCES

Publié 2014 par Langham Preaching Resources,
Une marque de Langham Creative Projects

Langham Partnership
PO Box 296, Carlisle, Cumbria CA3 9WZ, UK
www.langham.org

ISBNs:
978-1-78368-943-9 Print
978-1-78368-942-2 Mobi
978-1-78368-941-5 ePub

British Library Cataloguing in Publication Data
Stott, John R. W. author.
 Le défi de la prédication : transmettre la parole de Dieu dans le
 monde d'aujourd'hui.
 1. Preaching.
 I. Title II. Scharf, Greg editor.
 251-dc23

ISBN-13: 9781783689439

Traduction: Philipe Malidor
Editeur: Mike McGowan
Couverture: projectluz.com

TABLE DES MATIÈRES

LANGHAM
PREACHING RESOURCES

Dans une phrase remarquable écrite aux Thessaloniciens, Paul fournit une réflexion fondamentale concernant l'impact de la Parole de Dieu sur les hommes.

> *C'est pourquoi nous rendons continuellement grâces à Dieu de ce qu'en recevant la parole de Dieu que nous vous avons fait entendre, vous l'avez accueillie, non comme la parole des hommes, mais comme ce qu'elle est vraiment : la parole de Dieu qui agit en vous qui croyez.* (1 Thess 2.13)

Paul insiste beaucoup sur ce point. Le message n'est pas une parole humaine mais la Parole *de Dieu* qui fait autorité. Et cette parole est puissante: elle « agit en vous ». Et si elle a de l'effet sur la vie des croyants de Thessalonique, c'est non seulement parce qu'ils l'ont *entendue* mais parce qu'ils l'ont *reçue*, l'accueillant dans leurs vies comme un ami.

Toute prédication est façonnée par la conviction que la Bible fait autorité. Précisément parce qu'elle vient de Dieu lui-même. Le prédicateur doit être convaincu aussi que la Parole de Dieu est puissante, œuvrant pour accomplir les desseins de Dieu dans la vie de chrétiens, individuellement et communautairement. L'auditeur aussi doit recevoir cette parole avec foi, conscient qu'elle transforme sa vie comme elle a transformé celles des Thessaloniciens. Ils se sont convertis « en se détournant des idoles pour servir le Dieu vivant et vrai » (1 Thess 1.9).

Les prédicateurs et les enseignants engagés dans ce ministère ont besoin d'être soutenus. Et c'est ce que *Langham Partnership* cherche à faire. En partenariat avec des églises à travers le monde, nous proposons notre aide par le moyen des programmes de Langham Littérature, de Langham Scholars et de Langham Preaching. Lancé par le Dr John Stott il y a 35 ans environ, Langham croit fermement à l'autorité de la Bible et à l'importance d'une prédication à la fois fidèle au texte biblique, claire et pertinente pour le monde d'aujourd'hui. La conviction fondamentale de Langham se résume dans une triple affirmation : *que Dieu veut voir croître son église, que l'église croît par la Parole de Dieu et que la Parole de Dieu est communiquée surtout par une prédication efficace.*

Si les églises vont grandir et devenir fortes et efficaces, nous devons renforcer la prédication biblique. C'est pourquoi, à travers le monde, Langham Preaching travaille à la mise en place de mouvements de prédication nationaux pour des pasteurs et des laïcs. En collaboration avec des responsables autochtones, nous proposons un soutien pratique aux prédicateurs, en organisant des séminaires de formation, en encourageant la création de clubs de prédicateurs, en fournissant des ressources et en bâtissant des mouvements de prédication biblique dans chaque pays où nous travaillons.

Maintenant nous proposons un nouvel outil : *Langham Preaching Resources.* Ces matériaux se veulent accessibles à tous et sont destinés non seulement aux pasteurs et aux prédicateurs de manière générale, mais tout particulièrement à ceux qui participent aux nombreux mouvements de prédicateurs qui voient progressivement le jour à travers le monde. Ces ressources sont aujourd'hui disponibles dans plusieurs langues.

Notre prière est que ces ressources servent à renforcer la prédication biblique. La rédaction et la distribution de ces livres s'accompagnent de cette même prière qu'adresse Paul aux croyants de Thessalonique, qui ont accueilli la Parole de Dieu avec tant d'enthousiasme :

> *Priez pour nous, afin que la parole du Seigneur se répande et soit glorifiée comme elle l'est chez vous.* (2 Thess 3.1)

Jonathan Lamb

Pour plus d'informations concernant les trois programmes de Langham, rendez-vous sur notre site Web : **www.langham.org**

AVANT-PROPOS

C'est en 1959 que le jeune John Stott a été nommé recteur de All Souls Church, Langham Place, au cœur de Londres. Son enseignement régulier de la Bible, caractérisé par une prédication systématique « au fil du texte », dispensé en sa qualité de pasteur et d'enseignant de l'église, a eu un tel impact que peu à peu son ministère s'est répandu sur toute la surface du globe. Aujourd'hui on se souvient de lui comme l'ami et le défenseur infatigable de l'Église du monde majoritaire - en Afrique, en Asie et en Amérique latine - là où, sous une formidable pression, l'Église s'est développée avec énormément de rapidité. La mémoire d'« oncle John » est entretenue avec une affection profonde par les conducteurs et les membres d'églises à travers ces continents.

Les divers programmes que John Stott a fondés pour servir la famille de l'Église universelle ont été regroupés sous l'appellation de *Langham Partnership*, entité qui vise à aider l'Église à croître en maturité en formant une nouvelle génération de prédicateurs et d'enseignants autour du monde. Sa motivation consiste à accomplir la vision de John Stott : voir toutes les chaires du monde entier occupées par des prédicateurs désireux d'enseigner la Bible en prêchant des sermons qui sont à la fois fidèles aux textes bibliques et pertinents pour le monde d'aujourd'hui.

La prédication et les écrits de John Stott ont toujours été caractérisés par trois choses : la fidélité à la Bible en tant que Parole de Dieu ; la pertinence de son message pour le monde contemporain dans lequel nous vivons ; et une clarté d'expression remarquable. Chacune de ces qualités est manifeste dans ce volume, lequel est une refonte condensée et mise à jour d'une œuvre plus ancienne : *I Believe in Preaching* (publiée aux États-Unis sous le titre *Between Two Worlds*). J'aimerais exprimer mes chaleureux remerciements au Dr. Greg Scharf pour le travail qu'il a fait en apportant ce qui va devenir une ressource inestimable pour ceux qui sont impliqués dans les mouvements de prédication liés à Langham dans le monde entier.

Comme ce livre le montre clairement, la prédication n'est pas qu'une affaire de technique. Elle est liée de manière vitale à l'intégrité et à la personnalité du prédicateur. Dans le cas de John Stott, d'innombrables individus dans le monde entier peuvent témoigner de l'influence qu'il a eu sur leur piété et de l'encouragement profond qu'il a apporté dans leurs vies de chrétiens et dans leurs communautés chrétiennes. Voici ce qu'en dit son biographe Timothy Dudley-Smith :

> Pour ceux qui le connaissent et le côtoient, respect et affection vont de pair. La personnalité d'envergure mondiale se fait oublier dans l'amitié personnelle, dans une attention aux autres désarmante, dans une humilité non feinte – le tout accompagné d'une touche d'humour et de charme malicieux. ... Il se perçoit tout simplement, ainsi que devraient le faire tous les chrétiens mais ainsi que peu d'entre nous y parviennent, comme un enfant bien-aimé du Père céleste, un serviteur indigne de son ami et maître Jésus-Christ, un pécheur sauvé par grâce, pour la gloire et la louange de Dieu.

C'est une joie de voir *Le défi de la prédication* mis à la disposition d'une nouvelle génération de pasteurs et de prédicateurs autour du monde. Puisse ce livre stimuler chaque lecteur à prêcher le texte biblique fidèlement tout en ayant un désir profond de proclamer la vérité avec conviction et pertinence pour sa propre génération. Il deviendra ainsi un véritable « bâtisseur de ponts » entre la Bible et le monde d'aujourd'hui.

Jonathan Lamb
Oxford, mai 2013

PRÉFACE

La prédication a été particulièrement dépréciée dans la dernière moitié du XXᵉ siècle. S'en est-elle vraiment remise ? La question est difficile à résoudre parce que nous n'avons pas encore le bénéfice d'une perspective à long terme. Ce qu'on peut dire, c'est que deux tendances contradictoires ont émergé, les deux ayant des incidences positives et négatives.

D'abord, la prédication s'est démocratisée. Pratiquement n'importe qui est en mesure de prêcher, qu'il soit reconnu pasteur ou non. Dans l'ensemble, ce n'est pas une mauvaise chose. La prédication laïque peut être utilisée par le Seigneur pour bâtir son Église, et on peut souhaiter avec Moïse que tous ceux qui appartiennent à Dieu soient prophètes (Nb 11.29). Mais hélas, il semble que certains prédicateurs n'aient d'autre qualification pour le ministère que leur capacité à drainer de vastes foules et des dons considérables en lieu et place de leur consécration à la vérité et à la sainteté. Cette tendance s'est particulièrement illustrée parmi les tenants de l'évangile de la prospérité, qui promettent santé et richesse au nom de Jésus. Cette déformation de l'Évangile s'avère très populaire chez ceux dont les perspectives socio-économiques sont bien sombres.

Cependant, alors que la prédication est en voie de démocratisation, dans le même temps elle devient de plus en plus élitiste. Des prédicateurs de talent sont désormais en mesure de retransmettre leur message et de superviser des églises à implantations multiples dans lesquelles le sermon est présenté sur des écrans vidéo. Beaucoup de ces prédicateurs sont orthodoxes, attachés au Royaume et sanctifiés, et leur influence bénéfique est significative. Ils parviennent à atteindre des églises qui auparavant ne procuraient pas d'enseignement solidement fondé sur la Bible. Néanmoins, la distance entre ces prédicateurs et leurs auditeurs peut saper l'impératif biblique selon lequel les dirigeants de l'église doivent montrer l'exemple (1 Tm 3.1 - 4.16) et selon lequel les bergers doivent connaître leurs moutons (Jn 10.1-14). Ces exigences ont toujours été difficiles à satisfaire dans les grandes églises.

Un danger plus subtil, c'est que les jeunes prédicateurs se comparent à ces prédicateurs exceptionnels et qu'ils en concluent à tort qu'ils n'ont aucun talent de prédicateur. Les débutants risquent d'essayer de les imiter dans les aspects superficiels au lieu de travailler à développer les dons que Dieu leur a confiés. Il se peut également qu'on leur donne moins l'occasion de prêcher, du fait que les dirigeants d'églises ont quelque réticence à recourir à des prédicateurs inexpérimentés lorsque les congrégations se sont habituées à de bonnes prédications.

Ce livre se propose d'encourager les prédicateurs en leur rappelant l'importance de leur appel ; de les exhorter à consacrer du temps à préparer leur sermon avec application et dans une attitude de prière ; et de leur rappeler les qualités personnelles qui doivent caractériser tout prédicateur fidèle de la parole de Dieu. Quand vous l'aurez terminé, puissiez-vous être incité à prier avec les paroles que John Stott prononçait souvent avant de prêcher :

> Père céleste, nous nous inclinons en ta présence.
> Que ta parole soit notre règle,
> Ton Esprit notre enseignant,
> Et que ta plus grande gloire soit notre suprême préoccupation
> Par Jésus-Christ notre Seigneur.

REMERCIEMENTS

Je suis très reconnaissant à John Stott pour l'impact incommensurable qu'il a eu sur ma vie, sur ma prédication et sur mon ministère. Il a été mon professeur d'homilétique (de prédication) pendant un trimestre à la Trinity Evangelical Divinity School, où j'enseigne actuellement. Il a été mon conseiller et mon exemple à l'église All Souls, Langham Place, à Londres, où j'étais interne en pastorat et membre de l'équipe. C'est le pasteur qui a prêché à mon mariage. Il a conduit un groupe de lecture auquel j'assistais à Londres. Il fut[1] pour moi un ami et une inspiration. Je préside actuellement aux États-Unis la structure partenaire de Langham Partnership International, dont il était le fondateur. C'est pourquoi je suis reconnaissant non seulement pour le fait que ce soit lui l'auteur originel de ce livre mais pour bien plus encore : pour tout ce qu'il a été pour moi personnellement.

Mais je suis particulièrement reconnaissant que ce soit lui qui ait écrit ce livre. Alors que je travaillais, avec ses encouragements et sa bénédiction, sur cette version condensée et révisée de son livre originel, j'ai pris conscience que son influence sur ma propre façon de prêcher était bien plus importante que je ne le pensais. Les concepts s'étaient infiltrés dans mes veines à un point tel que je croyais que beaucoup d'entre eux m'étaient propres !

Je suis également très reconnaissant à Isobel Stevenson qui a soigneusement corrigé ce que je lui ai envoyé afin de préserver la voix de John Stott tout en ménageant de la place pour les mises à jour et les ajustements qu'il fallait inclure. Plusieurs estimés collègues de l'Evangelical Homiletics Society ont émis des suggestions qui m'ont

---

1. L'auteur écrit au présent. Or, nous avons choisi de mettre le verbe au temps passé. John Stott est décédé le 27 juillet 2011, soit six mois après la rédaction de ce texte. (NdT)

beaucoup aidé dans ma réflexion. De nombreux partenaires de prière ont apporté une contribution significative quoique indirecte, notamment mon encourageante partenaire de prière préférée, ma femme Ruth. À tous, et à beaucoup d'autres qui ont joué un rôle crucial, je dis ici toute ma reconnaissance. Je remercie Dieu de m'avoir donné la force et l'occasion de voir ce projet mené à terme, et j'ai bon espoir qu'il l'utilisera pour sa gloire.

Greg Scharf
Trinity Evangelical Divinity School, Deerfield, Illinois, USA
Janvier 2011

1

LA PRÉDICATION REMISE EN CAUSE

La prédication est indispensable au christianisme parce que le christianisme se fonde sur cette vérité : pour se révéler à l'humanité Dieu a choisi de faire usage de la parole. Il a parlé tout d'abord par ses prophètes, en expliquant ses interventions dans l'histoire d'Israël et en leur donnant les instructions nécessaires pour faire passer son message à son peuple, par le discours et par l'écrit. Ensuite, il a parlé par son Fils lorsque « la Parole a été faite chair » (Jn 1.14) et, au travers des paroles de son Fils, prononcées soit par lui-même soit par ses apôtres. Troisièmement, il parle par son Esprit au travers de ses serviteurs qui prêchent en son nom (Lc 24.47-49). Ainsi, la parole de Dieu est scripturaire, incarnée et actuelle. C'est là un aspect fondamental du christianisme.

Le fait que Dieu parle nous oblige, nous aussi, à parler. Nous sommes appelés à faire passer aux autres le message que nous avons entendu. Nous devons dire ce que Dieu a dit. C'est-à-dire, nous devons prêcher.

Cet accent mis sur la prédication est particulier au christianisme. Si toute religion a ses maîtres, dont beaucoup enseignent avec autorité et charisme, pour l'essentiel tous ne font que développer des traditions et une éthique antiques. Seuls les prédicateurs chrétiens se présentent comme des hérauts qui proclament la bonne nouvelle de Dieu et osent se considérer comme des ambassadeurs ou des représentants appelés à « transmettre les paroles de Dieu (lui-même) » (1 Pi 4.11).

L'importance de la prédication a toujours été reconnue dans l'histoire de l'Église (voir l'Appendice 1). Pourtant, certains nous disent que le temps de la prédication est terminé, que la prédication est un art moribond et une forme de communication démodée. Ces mensonges ont réduit les prédicateurs au silence et les ont démoralisés. Il est donc très utile que, de notre côté, nous considérions trois tendances contemporaines qui viennent bousculer notre foi dans la prédication. Ce sont : une hostilité générale à toute autorité ; la révolution électronique ; et une perte de confiance dans l'Évangile.

L'hostilité à l'autorité

Depuis la Chute, les hommes sont devenus « ennemis de Dieu » et ne veulent (ni ne peuvent !) se soumettre à la loi de Dieu (cf. Rm 8.7). Cette donnée de base de la condition humaine s'est manifestée de mille façons détestables. Aujourd'hui, cependant, ce comportement est particulièrement accentué et toutes les autorités consacrées (famille, école, université, État, église, papauté, Bible, Dieu) sont remises en cause partout dans le monde. Cette rébellion est en partie justifiée, car c'est une protestation responsable et mature contre l'autoritarisme et la déshumanisation dans les domaines de la politique, des affaires, de l'éducation, de la religion et autres secteurs de la société. Mais les chrétiens doivent veiller à bien faire la distinction entre vraie et fausse autorité ; entre la tyrannie qui nous écrase et l'autorité bienveillante et rationnelle à l'ombre de laquelle nous découvrons notre liberté humaine authentique.

Les individus ayant acquis davantage de liberté par rapport aux institutions, la cible des hostilités s'est déplacée vers le terrain des idées. Aucune idée n'échappe à la remise en cause. On estime que chacun a le droit d'avoir ses opinions à soi, opinions que nul ne saurait mettre en doute, et un prédicateur moins qu'un autre. Certains sont même allés jusqu'à qualifier les sermons d'actes de violence contre les auditeurs. Ils remettent en question le droit des prédicateurs à se dresser devant les autres avec la prétention de parler pour Dieu.

Ces attitudes ont conduit certains à soutenir qu'au lieu de considérer la congrégation comme un troupeau à nourrir, un prédicateur devrait la voir comme une clientèle à satisfaire et se servir du sermon pour l'aider à résoudre ses problèmes spirituels.[1] Ce genre de prédication consumériste

---

1. Thomas G. Long, *No News is Bad News*, in sous dir. Mike Graves, *What's the Matter with Preaching Today ?*, Louisville, Westminster John Knox, 2004, p.146-147.

domine les chaires nord-américaines, et il s'est exporté partout dans le monde. Désormais, ce sont ceux qui occupent les bancs des églises qui dictent le programme de la chaire. Le point de départ du sermon est généralement un problème pour lequel la Bible (ou une autre source) propose une solution. L'analyse d'auditoire (connaître ses auditeurs), même si elle est vitale, supplante désormais l'étude minutieuse de la Bible.

La pratique consistant à laisser les auditeurs déterminer les thèmes de prédication s'est renforcée avec la conception répandue qu'il n'existe pas de vérité objective : tout est subjectif. Une chose ne devient vraie que si elle résonne en moi. Cela signifie que le dernier mot sur ce que signifie tel passage repose sur les individus dont l'histoire personnelle entre en résonance avec lui. Si ce qui est dit ne cadre pas avec l'expérience de tel individu ou de telle communauté, c'est à rejeter. Cet état d'esprit mine l'autorité du texte biblique. L'autorité finale ne repose plus sur l'Écriture mais sur ceux qui la lisent ou l'entendent. Ce n'est pas étonnant que tant d'auditeurs résistent à la soumission aux sermons bibliques ! Ils en sont venus à croire que ce sont eux qui sont la raison pour laquelle les sermons sont prononcés et que leurs expériences (personnelles et communautaires) prennent le pas sur la Bible et sur ses affirmations.

Malheureusement, les prédicateurs renforcent souvent ces présupposés en concevant des sermons et des formes de cultes qui exaltent l'auditeur aux dépens de l'Écriture. Bien qu'elles soient écrites en 1950, les paroles de Cranfield n'ont rien perdu de leur pertinence aujourd'hui :

> C'est un trait pathétique de la vie d'église contemporaine qu'il y a encore beaucoup de gens dans les bancs qui réclament à cor et à cri des sermons plus courts et plus légers, ainsi que des cultes plus gais et plus faciles, et que, dans la chaire, ne sont pas rares ceux qui sont prêts à se plier à cette demande populaire. C'est là un cercle vicieux : des assemblées superficielles produisent des pasteurs superficiels, et des pasteurs superficiels produisent des assemblées superficielles.[2]

Faut-il que nous cédions à cette pression au point d'abandonner la prédication ? Ou bien devrions-nous tout simplement devenir plus dogmatiques, martelant nos croyances et nos affirmations d'une voix

---

2. C. E. B. Cranfield, *The First Epistle of Peter*, Londres, SCM, 1950, p. 32.

toujours plus forte ? Aucune de ces deux approches ne marchera. Alors, comment réagir à cette tendance ?

Premièrement : il convient de nous rappeler la conception chrétienne de *la nature humaine*. Nous avons été créés par Dieu pour être moralement responsables et libres. Nous ne saurions donc admettre ni le laxisme (qui nie la responsabilité) ni l'asservissement (qui nie la liberté). L'esprit est libre sous l'autorité de la vérité, ainsi que la volonté sous l'autorité de la droiture.

Deuxièmement : il convient de nous rappeler *la doctrine de la révélation*. Nos croyances ne sont pas une chose que nous aurions inventée. Elles ont été révélées par Dieu. Nous pouvons ainsi proclamer l'Évangile avec une calme confiance comme la bonne nouvelle venue de Dieu.

Troisièmement : il convient de nous rappeler que notre *autorité* pour prêcher ne vient pas de notre mandat de prédicateurs, ni de l'église qui nous a ordonnés, mais de la parole de Dieu. Si nous sommes clairs sur ce point, les gens seront disposés à écouter, en particulier si nous démontrons que nous-mêmes nous désirons vivre sous l'autorité de la Bible. Une façon de le faire consiste à éviter la formule introductive : « Ainsi parle le Seigneur », car nous n'avons pas l'autorité des prophètes de l'Ancien Testament qui parlaient sous l'inspiration de Dieu. Nous ne devrions pas non plus utiliser la formule de notre Seigneur : « Mais moi, je vous dis » (Mt 5.22, 28, 32, etc.), comme si nous avions l'autorité de Jésus-Christ ou de ses apôtres. À la place, nous devrions plutôt nous servir du mot « nous » pour indiquer que nous ne prêchons rien aux autres que nous ne nous prêchons d'abord à nous-mêmes. Autorité et humilité ne s'excluent pas mutuellement.

Quatrièmement : il convient de nous rappeler *la pertinence de l'Évangile*. Quand nous présentons l'Évangile d'une manière qui montre qu'il est sensé et pertinent, il est porteur de sa propre autorité et il s'authentifie de lui-même.

Cinquièmement : il convient de nous rappeler qu'un vrai sermon n'est *pas un monologue*. La prédication véritable est toujours un dialogue. Cela ne signifie pas qu'il comporte un débat entre deux prédicateurs ni des interpellations de la part de la salle (bien que cela soit susceptible de mettre de l'animation dans le déroulement du culte !). Cela implique plutôt un dialogue silencieux entre le prédicateur et les auditeurs. Le prédicateur doit susciter des questions en eux, puis prolonger en leur répondant. La réponse doit faire advenir de nouvelles questions, qu'il conviendra aussi de traiter.

L'un des talents les plus importants nécessaires à un prédicateur, c'est une compréhension intuitive des auditeurs et de leurs problèmes de façon à être capable de devancer leurs réactions. N'allons pas prêcher sur la providence divine selon laquelle « tout coopère pour le bien de ceux qui aiment Dieu » (Rm 8.28) sans montrer la conscience que nous avons du mal et de la souffrance. N'allons pas prêcher sur le mariage en oubliant les célibataires de l'assemblée, ni sur la joie chrétienne en oubliant les chagrins et les tragédies que vivent certains. N'allons pas prêcher la promesse du Christ de répondre à la prière sans nous souvenir que certaines prières demeurent sans réponse, ni son commandement de ne pas nous inquiéter sans reconnaître que les gens ont de bonnes raisons d'être anxieux. Prévoir les objections des gens, c'est se protéger des contre-attaques.

Ce type de dialogue entre orateur et auditeurs est souvent évident dans l'Écriture (par ex. Ml 1.12 ; 2.17 ; 3.8). Jésus s'en est servi (Lc 10.36 ; Jn 13.12), de même que l'apôtre Paul (Rm 3.1-6). Nous trouvons aussi cela dans la prédication d'hommes tels que Martin Luther et Billy Graham. Ce dont nous avons besoin, c'est de la capacité de…

> …surpasser la technique communiste de la « double pensée » en concevant une « quadruple pensée » chrétienne. La « quadruple pensée », c'est : réfléchir à ce que j'ai à dire ; puis réfléchir à la façon dont celui d'en face va comprendre ce que je dis ; puis re-réfléchir à ce que j'ai à dire de sorte que, quand je le dirai, il pensera ce que je pense !… La « quadruple pensée » suppose un gros effort mental et une grande sensibilité spirituelle.[3]

La prédication qui respecte l'autorité biblique encourt toujours le risque d'offenser l'auditeur. Cette approche, que certains trouveront difficile, permet de diminuer ce risque.

---

3. M. A. C. Warren, *Crowded Canvas*, Londres, Hodder & Stroughton, 1974, p.143.

L'ère de l'électronique

Le demi-siècle passé a vu intervenir des changements dans les méthodes de communication, et ceux-ci ont eu un effet profond sur l'Église. Ces effets sont ressentis sur le plan mondial, y compris dans des lieux où les médias électroniques n'ont pas encore un fort taux de pénétration.

Une série de changements touche ceux à qui nous prêchons. À l'ère de l'électronique, les gens sont devenus *physiquement paresseux* et ils remettent en cause la nécessité de se rendre à l'église alors qu'ils peuvent vivre le culte à la maison en regardant une cérémonie à la télévision ou sur Internet. Ils sont devenus *intellectuellement amorphes*, cherchant à recevoir des distractions plutôt qu'à être incités à réfléchir. Les gens sont aussi devenus *insensibles sur le plan émotionnel*. Nous assistons aux horreurs de la guerre, de la famine et de la pauvreté, mais nous sommes devenus très doués pour nous auto-défendre sur le plan affectif, en nous distançant de la souffrance d'autrui. Et nous sommes devenus *psychologiquement perturbés*. Nous avons des difficultés à passer du monde irréel, sophistiqué, du cyberespace, au monde réel où nous pouvons entendre Dieu et l'adorer. Enfin, les gens sont devenus *déstructurés sur le plan moral*. On nous a manipulés jusqu'à nous faire croire que le type de comportement que nous voyons sur les écrans est acceptable et que « tout le monde le fait ».

L'ère de l'électronique nous affecte nous aussi en tant que prédicateurs. La technologie satellitaire a permis aux prédicateurs d'être rediffusés partout, et ces retransmissions sont trop facilement considérées comme représentatives de l'idéal que tous les prédicateurs devraient s'efforcer d'atteindre. Nous pouvons ainsi nous retrouver en train d'essayer de copier des prédicateurs que nous avons entendus sans vérifier si leurs techniques et leur style cadrent avec notre propre personnalité, contexte et dons. Ou bien nous pouvons décider de prononcer une prédication que nous avons téléchargée sur Internet, ou encore demander à l'assemblée de regarder sur un écran le sermon d'un prédicateur d'une autre église. Tous ces éléments sont de nature à rompre la communication qui doit exister entre le prédicateur et la congrégation. Un sermon qui est prêché ailleurs ne s'adresse pas à ce groupe particulier d'auditeurs, car le prédicateur ne peut pas les voir ni observer leurs réactions afin d'y réagir.

Notre conviction relative à l'importance de la prédication peut encore être ébranlée par l'influence visuelle de la télévision. En occident, la prise de parole en public ne met plus principalement en scène un orateur qui s'adresse à une assemblée depuis un pupitre ou une chaire. À la place, on voit des animateurs de *talk-shows* qui arpentent un studio de télévision et des présentateurs d'informations assis derrière un bureau, et qui apparemment nous regardent alors qu'en réalité ils lisent un prompteur. L'image du présentateur alterne avec des séquences vidéo illustrant les événements qui sont rapportés. Ce que nous entendons, ce sont des bribes de sons, dont on peut se souvenir mais qui, aussi bien, alimentent la superficialité. Dans ce contexte, un sermon peut être ressenti comme une forme de communication extrêmement démodée.

Ceux qui n'ont guère d'accès aux technologies avancées peuvent en concevoir du découragement, pensant que sans ces outils ils ne peuvent pas prêcher valablement. Des prédicateurs de passage qui utilisent des ordinateurs portables et des montages PowerPoint peuvent, sans le vouloir, faire croire que c'est une pratique habituelle. De modestes prédicateurs dans des localités reculées reçoivent ce message aussi involontaire que faux : les dispositifs électroniques sont indispensables à une prédication efficace.

Comment réagir à cette avalanche d'avancées technologiques ?

Premièrement : remercions notre souverain Créateur de nous avoir donné la capacité de fabriquer des outils qui peuvent colporter sa parole à toutes les nations. Dans l'Église primitive, sa parole s'est répandue lorsque la persécution a dispersé les croyants, qui « là où ils passaient, [...] annonçaient la Parole » (Ac 8.1-4 NBS). Aujourd'hui, la radio, la télévision et Internet peuvent être utilisés pour répandre la bonne nouvelle dans des régions qui ne peuvent pas être aisément atteintes par d'autres moyens.

Deuxièmement : nous devons prier pour avoir sagesse et discernement dans l'utilisation des outils qui nous sont accessibles. Le fait qu'ils existent ne veut pas dire que nous sommes obligés de nous en servir. Les paroles de Paul à Timothée s'appliquent aussi à ceux d'entre nous qui sont riches en technologie :

> Recommande aux riches du présent siècle de ne pas être orgueilleux et de ne pas mettre leur espérance dans des richesses incertaines, mais de la mettre en Dieu qui nous donne tout avec abondance, pour que nous en jouissions. Qu'ils fassent le bien, qu'ils soient riches en œuvres bonnes, qu'ils aient de la libéralité, de la générosité, et qu'ils s'amassent ainsi un

beau et solide trésor pour l'avenir, afin de saisir la vraie vie.
(1 Tm 6.17-19)

C'est à Dieu que nous devons faire confiance, pas à nos ordinateurs, à nos projecteurs et à nos amplificateurs (ils peuvent tous planter, ou bien nous induire en tentation). Nous devons remercier Dieu pour la technologie, mais sans nous reposer sur elle, et nous devons être disposés à partager nos outils et nos connaissances, tournant les regards vers Dieu pour les vrais trésors et la vraie vie.

Troisièmement : notre recours à la technologie comme une aide à la prédication ne doit ni violer ni entacher de compromis ce que l'Écriture enseigne. Par exemple, entendre la parole de Dieu doit toujours conduire à être extrêmement attentif à la parole de Dieu. Cette obéissance ouvre la porte à une connaissance croissante de Dieu (Col 1.10). En conséquence, nous devons éviter d'utiliser des outils uniquement pour faciliter la compréhension des concepts bibliques ; eux aussi, ils doivent nous diriger vers la foi qui mène à l'obéissance (Rm 1.5 ; 16.26).

C'est Dieu qui apporte les meilleurs supports visuels. Il veut que le pasteur soit un support visuel pour l'assemblée (Tt 2.7 ; 1 Tm 4.12). Il veut aussi que l'assemblée soit un support visuel pour le monde qui la regarde, c'est-à-dire l'univers entier (Mt 5.16 ; Ep 3.10-11). Les images virtuelles projetées sur des écrans ne remplaceront jamais des êtres réels et des communautés qui aiment. Dans une société déshumanisée, la communion de l'église locale devient de plus en plus importante, avec ses membres qui se rencontrent, se parlent et s'écoutent en personne. Le meilleur apprentissage pour être transformé (l'apprentissage qui forge la foi et augmente l'obéissance à Dieu) se passe dans la communauté.

Même s'il est bon de rechercher la face du Seigneur individuellement (2 Co 4.6), le croyant isolé risque de passer à côté du tableau dans son ensemble. Nous avons besoin d'entendre ce que les autres, dans le corps du Christ, ont à dire. La prière de Paul pour l'Église d'Ephèse souligne cette dimension communautaire :

> C'est pourquoi, je fléchis les genoux devant le Père, de qui
> toute famille dans les cieux et sur la terre tire son nom, afin qu'il
> vous donne, selon la richesse de sa gloire, d'être puissamment
> fortifiés par son Esprit dans l'homme intérieur ; que le Christ
> habite dans vos cœurs par la foi et que vous soyez enracinés et
> fondés dans l'amour, pour être capables de comprendre avec

tous les saints quelle est la largeur, la longueur, la profondeur et la hauteur, et de connaître l'amour du Christ qui surpasse (toute) connaissance, en sorte que vous soyez remplis jusqu'à toute la plénitude de Dieu. (Ep 3.14-21)

Enfin, il est important de se rappeler qu'il n'y a pas de divorce possible entre prêcher et adorer. Le fait que les deux soient aujourd'hui si souvent séparés dénote le faible niveau d'une bonne partie de l'adoration contemporaine. Toute adoration est une réponse d'intelligence et d'amour à la révélation de Dieu. Notre adoration est faible parce que notre connaissance de Dieu est faible ; notre connaissance de Dieu est faible parce que notre prédication est faible. Mais dès lors que la parole de Dieu est enseignée en laissant parler les textes eux-mêmes, et que la congrégation commence à entrevoir la gloire du Dieu vivant, elle se prosterne avec un solennel respect. Cela, c'est l'œuvre de la prédication. Voilà pourquoi la prédication est unique et irremplaçable.

Mais si notre prédication est terne, ennuyeuse, mal présentée, lente ou monotone, nous ne tiendrons pas la route face au monde contemporain. Il nous faut rendre notre présentation de la vérité attirante, avec de la variété, de la couleur, des illustrations, de l'humour et de l'agilité d'esprit.

La perte de confiance de l'Église dans l'Évangile

Prêcher, c'est endosser le rôle d'un héraut ou d'un crieur public et proclamer publiquement un message. Cela suppose que nous ayons quelque chose à dire. Sans un message clair et confiant, il est impossible de prêcher. Pourtant, c'est bien ce qui semble faire défaut à l'Église aujourd'hui.

Il n'y a aucune chance de restaurer la prédication si l'on ne restaure pas d'abord la conviction. Il nous faut retrouver notre confiance dans la vérité, dans la pertinence et dans la puissance de l'Évangile de sorte qu'avec Paul nous puissions dire :

… de là mon vif désir de vous annoncer l'Evangile… Car je n'ai pas honte de l'Evangile; c'est une puissance de Dieu pour le salut de quiconque croit, du Juif premièrement, mais aussi du Grec. (Rm 1.15-16)

Il faut que nous retrouvions notre enthousiasme pour cela. L'Évangile, c'est la bonne nouvelle qui vient de Dieu !

La première étape pour retrouver notre confiance de chrétiens comprend la capacité à distinguer entre l'assurance, la conviction, la présomption et la bigoterie. La conviction et l'assurance montrent qu'on est convaincu par une preuve crédible ou un argument selon lesquels une chose est vraie. La présomption est l'affirmation hâtive d'une vérité, une confiance qui repose sur des fondements mal établis ou mal examinés. La bigoterie est à la fois aveugle et obstinée ; les bigots ne veulent pas voir les faits et ils se raccrochent à des opinions qui ne sont ni prouvées ni éprouvées. Présomption et bigoterie ne sont pas compatibles avec le souci réel de la vérité, pas plus qu'avec l'adoration du Dieu de vérité.

Un certain degré de conviction et d'assurance chrétiennes est raisonnable. Le christianisme s'enracine dans une solide base historique, à savoir le témoignage des auteurs du Nouveau Testament. Les verbes « savoir », « croire » et « être convaincu » parsèment littéralement tout le Nouveau Testament. La foi et la confiance sont considérées comme normales dans l'expérience chrétienne. D'ailleurs, les apôtres et les évangélistes énoncent souvent à leurs lecteurs le but de ce qu'ils sont en train d'écrire : « afin que tu connaisses » ou : « pour que vous croyiez » ou « pour que vous sachiez » (Lc 1.1-4 ; Jn 20.31 ; 1 Jn 5.13). La « pleine assurance » et la « conviction » sont destinées à caractériser notre approche de Dieu dans la prière et notre proclamation du Christ dans le monde (Hé 10.22 ; 1 Th 1.5). Un chrétien pose des questions, traite les problèmes, confesse son ignorance, éprouve de la perplexité, mais il le fait dans le contexte d'une confiance profonde et croissante en la réalité de Dieu et de son Christ.

Deuxièmement : il nous faut reconnaître que les questions que les autres nous posent sur notre foi sont sérieuses et importantes. On ne saurait les évacuer sommairement, mais on doit les affronter et y répondre attentivement. Il se peut que nous ne soyons pas d'accord avec toutes les réponses proposées, mais nous n'avons aucune objection contre les questions.

Troisièmement : nous devons encourager les chrétiens qui réfléchissent à ces choses dans leur quête de réponses à des questions délicates. Ce peut être un travail solitaire. Ils ont besoin de nos prières et de notre soutien fraternel alors qu'ils se confrontent à la tension entre l'ouverture à des idées nouvelles et la consécration au Christ. Il faut les encourager à accepter de devoir se rendre mutuellement des comptes et à être responsables les uns des autres dans le corps du Christ.

Enfin, nous avons à prier avec davantage de constance et d'espérance pour la grâce qui vient du Saint-Esprit de vérité. Une compréhension chrétienne n'est pas possible sans son illumination, pas plus que n'est possible l'assurance chrétienne sans son témoignage. Une étude honnête et une communion solidaire sont essentielles, mais au bout du compte, seul Dieu peut nous convaincre au sujet de Dieu. Ce dont nous avons le plus besoin, comme les Réformateurs n'ont cessé d'y insister, c'est du témoignage du Saint-Esprit. Les chrétiens croient que le Dieu vivant est le Dieu de l'histoire. Demandons-lui de repousser les forces de l'incroyance et remercions-le pour ce qu'il accomplit déjà dans le monde.

Nous venons de considérer trois défis contemporains posés à la prédication. La méfiance envers l'autorité rend les gens réticents à l'écoute. Les progrès de l'électronique ont modifié les attentes tant des auditeurs que des prédicateurs. L'atmosphère de doute ébranle l'assurance de beaucoup de prédicateurs. Mais il est temps de nous souvenir que la meilleure défense, c'est l'attaque.

2

LES FONDEMENTS THÉOLOGIQUES DE LA PRÉDICATION

Le secret de la prédication ne consiste pas à maîtriser certaines techniques mais à se laisser maîtriser par certaines convictions. Pour le dire autrement, la théologie importe davantage que la méthodologie. Certes, il y a des principes de prédication à apprendre et des savoir-faire à développer, mais il est facile d'y placer une confiance excessive. La technique peut seulement faire de nous des orateurs ; si nous voulons être des prédicateurs, c'est de théologie que nous avons besoin. Si notre théologie est bonne, alors nous disposons des intuitions de base nécessaires pour savoir ce que nous avons à faire, et de toutes les incitations qu'il faut pour nous encourager à le faire fidèlement.

La véritable prédication chrétienne (c'est-à-dire la prédication dite *textuelle* (ou *biblique* ; en anglais *expository preaching*) est extrêmement rare dans l'Église aujourd'hui. Dans de nombreux pays, des gens réfléchis y aspirent, mais sans pouvoir en trouver. Pourquoi cela ? La raison principale est sans aucun doute un manque de conviction quant à son importance. Dans ce chapitre, ma tâche va donc consister à tenter de convaincre mes lecteurs de la nécessité incontournable, pour la gloire de Dieu et pour le bien de l'Église, d'une prédication biblique consciencieuse.

Considérons cinq ensembles de convictions théologiques qui soutiennent l'importance de la prédication biblique. Une seule d'entre elles devrait nous convaincre ; les cinq réunies ne nous laissent aucune excuse.

Des convictions sur Dieu

Le genre de Dieu auquel nous croyons détermine le genre de sermons que nous allons prêcher. Trois aspects de Dieu sont particulièrement importants.

Premièrement : *Dieu est lumière.* « Voici le message que nous avons entendu de lui et que nous vous annonçons : Dieu est lumière et il n'y a pas en lui de ténèbres » (1 Jn 1.5). Dans les écrits de Jean la « lumière » représente fréquemment la vérité, comme lorsque Jésus affirme être « la lumière du monde » (Jn 8.12). Dieu n'est pas cachottier. Il se réjouit de se faire connaître. Tout comme il est dans la nature de la lumière de briller, il est dans la nature de Dieu de se révéler. La raison essentielle pour laquelle les gens ne connaissent pas Dieu, ce n'est pas parce que lui se cache mais parce qu'eux se cachent de lui. Tout prédicateur doit se laisser encourager par le fait que Dieu est lumière et qu'il aspire à faire briller sa lumière jusque dans les ténèbres des auditeurs (2 Co 4.4-6).

Deuxièmement : *Dieu a agi* et il s'est révélé par ses actions. Il a montré sa puissance et sa divinité dans la création, et les cieux et la terre manifestent sa gloire (Ps 19.1 ; Es 6.3 ; Rm 1.19, 20). Mais Dieu s'est révélé encore bien davantage dans la rédemption. Quand le genre humain s'est révolté contre lui, il ne nous a pas anéantis mais, au contraire, il a mis en place une mission de sauvetage. Il a fait sortir Abraham d'Our et les esclaves israélites d'Égypte, et il a fait rentrer chez eux les captifs de Babylone. Chacun de ces grands actes de libération a conduit à la conclusion ou au renouvellement de l'alliance par laquelle Yahweh faisait d'eux son peuple et s'engageait à être leur Dieu. Le Nouveau Testament met l'accent sur une autre rédemption et sur une alliance décrite comme « nouvelle », « meilleure » et « éternelle » et qui donne lieu à un ministère « (plus) glorieux » (Hé 7.22 ; 8.6 ; 9.14-23 ; 13.20 ; 2 Co 3.4-11). Cela est survenu par les actes les plus puissants de Dieu, à savoir la naissance, la mort et la résurrection de son Fils Jésus-Christ. Le Dieu de la Bible est donc un Dieu qui a une action libératrice, qui vient au secours de l'humanité opprimée et qui révèle sa grâce ou sa générosité.

Troisièmement : *Dieu a parlé.* Dieu a véritablement communiqué avec son peuple par la parole. Les prophètes de l'Ancien Testament ont souvent déclaré que « la parole du Seigneur » leur avait été adressée. Contrairement aux idoles qui « ont une bouche et ne parlent pas » (Ps 115.5), le Dieu vivant a parlé à son peuple (Es 40.5 ; 55.11). Il l'a fait afin d'expliquer ce qu'il était en train de faire. Il a fait sortir d'Our Abraham, puis il lui a parlé de son projet et il lui a donné l'alliance de la promesse. Il a tiré le peuple d'Israël de l'esclavage en Égypte et il a désigné Moïse pour lui apprendre pourquoi il agissait ainsi. Il a ramené son peuple de l'exil à Babylone et il s'est servi de ses prophètes pour expliquer pourquoi son jugement s'était abattu sur lui, à quelles conditions il le restaurerait, et le type de peuple qu'il souhaitait qu'il devienne. Il a envoyé son Fils pour devenir homme, pour vivre et servir sur terre, pour mourir, pour ressusciter, pour régner et pour répandre son Esprit. Ensuite il a choisi et préparé les apôtres pour voir ses œuvres, entendre ses paroles et porter témoignage de ce qu'ils avaient vu et entendu.

Il y en a qui mettent l'accent sur l'activité historique de Dieu mais qui n'acceptent pas le fait qu'il ait parlé. Ils soutiennent que Dieu s'est révélé en actes, et non en paroles. Ils insistent sur la rédemption comme révélation unique. Mais cela est faux. L'Écriture affirme que Dieu a parlé à la fois par des actes historiques et par des explications en paroles, et que les deux sont indissociables. Même le sommet de la révélation que Dieu fait de lui-même, quand la Parole s'est faite chair, serait demeuré incompréhensible si le Christ n'avait pas parlé et si ses apôtres n'avaient pas recueilli et interprété ses paroles.

Tel est le fondement sur lequel repose toute prédication chrétienne. Comment oserions-nous parler si Dieu n'avait pas parlé ? De nous-mêmes, nous n'avons rien à dire. Parler sans être assuré que nous apportons un message de la part de Dieu, ce serait faire preuve d'arrogance et d'inconséquence. Mais si nous sommes persuadés que Dieu est lumière et qu'il veut être connu, que Dieu a agi afin de se faire connaître, que Dieu a parlé et expliqué ses actes, alors nous devons parler. Si nous ne sommes pas sûrs de cela, nous ferions mieux de nous taire. Mais une fois que nous sommes persuadés que Dieu a parlé, nous ne pouvons et nous ne devons pas rester muets.

Des convictions sur l'Écriture

Il est naturel que notre compréhension de Dieu influence nos croyances sur les Écritures. En effet, *l'Écriture est la parole de Dieu mise par écrit.* Quel aurait été l'intérêt de l'auto-révélation de Dieu en Israël, de sa révélation exclusive en Jésus-Christ si, au fil des siècles, elle avait été oubliée ? Aussi, Dieu a-t-il pourvu à une récapitulation fiable de ses œuvres et de ses paroles afin qu'elles soient préservées pour tous les peuples de toutes les époques et de tous les lieux. Bien que deux millénaires nous séparent actuellement des œuvres et des paroles de Jésus, nous sommes toujours en mesure de le connaître et d'avoir accès à lui par la Bible, le Saint-Esprit lui rendant témoignage dans ses pages. Il n'y a que dans la Bible que l'on peut trouver au complet tous les éléments relatifs à la naissance et à la vie de Jésus, à ses œuvres et à ses paroles, à sa mort et à sa résurrection, ainsi que l'explication autorisée que Dieu en donne. Là, et là seulement se trouve l'interprétation que Dieu fait lui-même de son action de rédemption.

En quoi cela concerne-t-il notre prédication ? En tant que prédicateurs, notre responsabilité ne consiste pas avant tout à rendre notre témoignage du vingt et unième siècle à Jésus, mais plutôt à retransmettre à nos auditeurs le témoignage rendu au Christ par Dieu lui-même avec toute son autorité au travers des récits donnés par les témoins oculaires que sont les apôtres. Il est vrai que les documents du Nouveau Testament furent écrits dans les communautés chrétiennes du Ier siècle. Il est vrai aussi que, dans une certaine mesure, les nécessités de ces communautés ont influencé ce qui a été préservé. Il est vrai que chaque auteur a sélectionné et agencé ses matériaux en fonction de ses objectifs particuliers. Néanmoins, ni les églises ni les rédacteurs n'ont inventé ni déformé le message. En outre, son autorité ne repose ni sur eux-mêmes, ni sur leur foi. Aucun des apôtres ou des évangélistes n'a écrit au nom d'une ou de plusieurs églises. Au contraire, ils ont exhorté les églises au nom de Jésus-Christ et avec son autorité. Par la suite, quand il s'est agi de décider quels livres seraient retenus dans le Nouveau Testament, ce n'est pas l'Église qui a donné autorité aux livres choisis. L'Église n'a fait que reconnaître que les livres sélectionnés avaient déjà autorité parce qu'ils contenaient l'enseignement inspiré des apôtres.

Nous qui reconnaissons l'autorité de l'Écriture, nous devrions être les prédicateurs les plus consciencieux. Si les Écritures n'étaient qu'une collection d'idées humaines reflétant la foi des premiers chrétiens - avec une lueur occasionnelle d'inspiration divine - alors une attitude plus laxiste serait excusable. Toutefois, dans l'Écriture nous avons affaire avec les paroles mêmes du Dieu vivant, « non… les discours qu'enseigne la sagesse humaine, mais… ceux qu'enseigne l'Esprit » (1 Co 2.13). Rien ne doit être négligé lorsque nous exposons ces paroles en les enseignant et en les expliquant.

Nous devons faire attention aussi de prêcher de manière à ce que notre prédication tienne compte *et* des paroles écrites de Dieu (ce qu'il dit) *et* des actes par lesquels il sauve (ce qu'il fait). Certains prédicateurs aiment beaucoup parler des œuvres puissantes de Dieu mais ils n'en présentent que leur propre interprétation. D'autres essayent de rester près du texte biblique mais ils sont ternes parce qu'ils ont perdu la flamme pour ce que Dieu a fait en Christ. Le véritable prédicateur fait passer les deux, avec enthousiasme et fidélité. Quand Dieu a parlé, sa méthode normale n'a pas consisté à s'exprimer à haute et intelligible voix depuis un ciel totalement bleu. L'inspiration, ce n'est pas la dictée. Ce qu'il a fait, c'est de mettre sa parole dans des bouches et des esprits humains de telle sorte que leurs pensées et leurs paroles étaient simultanément et intégralement les leurs et les siennes. L'inspiration n'a contredit ni leurs recherches historiques ni le libre exercice de leur intelligence. Si nous voulons être fidèles à ce que la Bible dit d'elle-même, nous devons en reconnaître à la fois la paternité divine et humaine. Et cependant nous ne devons laisser ni le facteur divin ni le facteur humain se pomper l'un l'autre. L'inspiration divine n'a pas court-circuité le côté humain des auteurs. La qualité d'auteurs des humains n'a pas court-circuité l'inspiration divine. La Bible est tout autant parole de Dieu et parole des hommes. Elle est « la parole de Dieu mise par écrit »,[1] la parole de Dieu au travers des paroles humaines, verbalisée par la bouche des humains et écrite par la main des humains.

Reconnaître l'élément humain dans l'Écriture signifie que nous devons lire l'Écriture comme de la littérature. Par ces propos, je ne dis pas que la Bible n'est rien d'autre que de la littérature, ce qui est la position défendue par ceux qui n'acceptent pas sa pertinence ou sa véracité historiques et qui avancent qu'elle consiste uniquement en une série d'histoires dans lesquelles nous pouvons découvrir la nôtre. Ils se servent de l'approche littéraire comme alternative à la soumission à la parole de Dieu.

Ce que je veux souligner, c'est que les auteurs humains de l'Écriture ont recouru à toute une palette de méthodes humaines pour communiquer la parole de Dieu. Dieu aurait pu les pousser à uniquement dresser

---

1. Article 20 des 39 Articles de l'Église Anglicane.

des listes de doctrines et de commandements, et il est vrai que la Bible en contient. Mais la plupart du temps, Dieu les a poussés à écrire de l'histoire, des histoires, des paraboles, des poèmes et des oracles. Comme prédicateurs, nous devons nous souvenir que ces formes littéraires ne sont ni secondaires, ni accidentelles, ni déplacées. Elles font partie des intentions de Dieu. Il a pris ses dispositions pour faire passer sa vérité par des personnages, des cadres, des actions et des images. L'Écriture vise à amener le lecteur à partager une expérience, pas seulement à saisir des idées ou des concepts. Cela peut paraître évident, mais beaucoup de prédicateurs ont besoin de se souvenir de cela car ils traitent la Bible comme un simple conservatoire d'idées. Des prédicateurs de ce genre appauvrissent l'Écriture car ils n'arrivent pas à voir que la Bible est « l'expérience humaine dépeinte concrètement ».[2]

Une fois que nous sommes convaincus que le caractère littéraire de la Bible est important, nous devrions, nous qui la prêchons, la considérer d'encore plus près. Nous ne sommes pas des mineurs qui extraient du minerai puis qui laissent le paysage dans la désolation. Nous sommes des cartographes expérimentés, qui observons minutieusement le paysage du texte de façon à aider nos auditeurs à en voir tous les aspects et à suivre les sentiers et les grandes routes que Dieu y a placés. Nous évoquons souvent des idées auprès de nos auditeurs – ce que la Bible fait régulièrement. Mais nous devons aussi essayer le plus possible de transmettre à nos auditeurs le ton, le ressenti, les impressions et les visées du texte.

> Le prédicateur qui pratique la prédication textuelle aborde son texte en ayant la conviction que tout ce qui était important pour l'auteur au point de le faire figurer dans un texte est important aussi pour celui qui l'explique. Si la rhétorique, le style et les choix de langage nous sautent au visage à partir de pratiquement chaque page de la Bible, nous devons en prendre note et en tirer quelque chose lorsque nous expliquons le texte.[3]

---

2. Leland Ryken, « The Bible as Literature and Expository Preaching », in sous dir. Leland Ryken et Todd Wilson, *Preach the Word : Essays on Expository Preaching in Honor of R. Kent Hughes*, Wheaton, Crossway, 2007, p. 50.
3. Ibid., p.44.

Une conséquence de cette conviction, c'est que nous devons rester attentifs au genre littéraire d'un texte et nous familiariser avec les règles de ce genre. Si je me mets à dire : « Il était une fois... », les lecteurs occidentaux vont reconnaître que je m'apprête à narrer un conte. Les auteurs bibliques aussi nous donnent des indices qui permettent de comprendre ce qu'ils sont en train de faire, et nous devons faire l'effort d'apprendre à reconnaître ces indices. Par exemple, si le texte raconte une histoire, nous devons être très attentifs au cadre, aux personnages, au dialogue et au déroulement de cette histoire. Nous devons nous demander ce que la présence de cette histoire dans cette partie des Écritures contribue non seulement au message du livre biblique dans lequel elle se trouve mais aussi à la Bible dans son ensemble. Si le passage relève de la poésie, il faut faire état d'éléments qui caractérisent ce genre de littérature : l'utilisation d'images, de parallélismes et un style d'écriture compact. Si le texte provient d'une lettre, il faut réfléchir soigneusement sur la situation qui a suscité cette lettre et sur les intentions de son auteur dans cette « visite pastorale par voie postale ».

Cette approche littéraire impose l'humilité ; nous étudions chaque texte tel qu'il est véritablement et non pas comme nous souhaiterions qu'il soit. Cela implique de s'efforcer de découvrir ce que ceux qui prononçaient ces paroles, les écrivains et les auditeurs originels auraient compris. Mais le fruit de ce difficile travail est que nous comprenons mieux le texte et que nous le prêchons avec davantage de fidélité. Aussi, nous aidons nos auditeurs à apprendre à manier la Bible correctement.

La seconde conviction à laquelle nous devons nous cramponner, c'est que *par ses paroles prononcées autrefois, Dieu parle encore aujourd'hui.* Dieu n'est ni mort ni silencieux. L'Écriture ne se réduit pas à un recueil de documents anciens dans lequel sont conservées les paroles de Dieu ; elle n'est pas non plus une sorte de musée dans lequel les paroles de Dieu seraient exposées dans des vitrines comme des reliques ou des fossiles. Bien au contraire, l'Écriture est une parole vivante pour des personnes vivantes de la part du Dieu vivant. C'est un message qui est contemporain à chaque génération.

Manifestement, c'est bien ce que les apôtres comprenaient et croyaient. Ils introduisent leurs citations de l'Ancien Testament avec deux formules au choix. La première, c'est : « il est écrit ». En Galates 4.22, Paul dit : « Car il est écrit qu'Abraham eut deux fils ». Il se réfère à quelque chose qui a été écrit dans le passé et qui demeure un témoignage écrit permanent. La deuxième, c'est : « il [est] dit », en utilisant un temps du verbe qui, en grec, signifie que Dieu est toujours en train de dire ces paroles. Par exemple, Galates 4.21 se réfère à « ce que dit la loi » (TOB) et en Galates 4.30, Paul demande : « que dit l'Écriture ? » La « loi » et « l'Écriture » sont des livres anciens : comment peuvent-elles encore parler ? Cela n'est possible que parce que Dieu lui-même nous parle à travers elles.

Cette vérité est encore soulignée en Hébreux 3.7-8 où l'auteur cite le Psaume 95.7-11, en commençant ainsi : « Aujourd'hui, si vous entendez sa voix, n'endurcissez pas vos coeurs ». Il introduit la citation avec ces mots : « selon ce que dit le Saint-Esprit », impliquant que le Saint-Esprit demande aux gens de l'écouter aujourd'hui tout comme il le faisait des siècles auparavant au moment où le psaume fut écrit. Remarquez les quatre différentes occasions auxquelles, ici, il est dit que Dieu parle. Premièrement : dans le désert où Dieu a parlé mais où Israël a endurci son cœur ; deuxièmement : quand le psalmiste supplie les gens de son époque de ne pas refaire l'erreur d'Israël ; troisièmement : au moment où les chrétiens hébraïques du 1er siècle reçoivent cette exhortation ; et, quatrièmement : au moment où nous lisons la Lettre aux Hébreux aujourd'hui, et que nous entendons la supplication divine. La parole de Dieu s'adresse à toutes les époques !

Ce principe s'applique aussi aux écrits du Nouveau Testament. Chacune des sept lettres aux églises en Apocalypse 2 et 3 se conclut par cette requête : « Que celui qui a des oreilles entende ce que l'Esprit dit aux Églises ! » (NBS) On peut supposer que chaque église a entendu la lettre qui lui était destinée lue à haute voix, et chacune savait que Jean avait écrit cette lettre quelque temps auparavant sur l'île de Patmos. Néanmoins, chaque lettre se termine avec la déclaration selon laquelle l'Esprit parle encore aux églises. Ce qui s'adressait à chaque église en particulier s'appliquait aussi à toutes les églises en général. Les paroles de Jean tiraient leur origine du Saint-Esprit et cet Esprit parlait encore d'une voix vivante à chaque membre d'église ayant des oreilles pour entendre.

Dieu parle encore à travers ce qu'il a déjà dit : saisir cette vérité nous protège contre deux erreurs opposées. La première serait de croire que la voix de Dieu est aujourd'hui silencieuse. La seconde serait de croire que ce que Dieu dit aujourd'hui a peu ou rien à voir avec l'Écriture. La vérité, c'est que Dieu parle à travers ce qu'il a dit. C'est lui-même qui rend sa parole ancienne vivante et pertinente pour aujourd'hui.

Notre conviction finale quant à l'Écriture doit être que *la parole de Dieu est puissante*. Lorsque Dieu parle, il agit. Sa parole fait plus qu'expliquer son action ; elle est agissante en soi. Dieu mène à bien ses projets par sa parole (Es 55.11). Avec le flot de paroles qui nous submerge tous les jours, cela peut sembler difficile à croire. Néanmoins, ceux qui écrivent savent que les mots sont importants et puissants. Alexandre Soljénitsyne, l'écrivain russe qui se dressa contre le pouvoir du Kremlin et du communisme, en savait quelque chose. Dans son discours d'acceptation du Prix Nobel en 1970, il déclara : « Une parole de vérité pèse plus que le monde entier ».[4]

L'autre élément qui peut nous faire douter du pouvoir des mots, c'est l'accusation selon laquelle l'Église parle trop et agit trop peu. Si nous avons à nous examiner afin de voir dans quelle mesure cela est vrai, ce n'est pas une raison pour abandonner la parole. Il faut garder à l'esprit que dans la parole de Dieu, discours et actes vont ensemble. Dieu a créé l'univers par sa parole : « Car il dit, et (la chose) arrive ; il ordonne et elle existe » (Ps 33.9). Jésus, qui est la Parole de Dieu, a prêché tout en agissant (Mt 4.23). Et actuellement, par la même parole d'autorité, il restaure et il sauve. Dieu se sert du message qu'il a proclamé pour sauver ceux qui croient (1 Co 1.21, 1 Th 2.13).

La Bible présente de nombreuses images de la puissance de la parole de Dieu. Elle la qualifie de plus acérée qu'une épée à double tranchant, pénétrant notre âme et notre conscience (Hé 4.12). Comme une masse, elle est capable de briser les cœurs de pierre ; comme un feu, elle peut brûler les déchets (Jr 23.29). Elle éclaire notre sentier, brillant comme une lampe dans la nuit noire (Ps 119.105). Tel un miroir, elle nous montre à la fois ce que nous sommes et ce que nous devrions être (Jc 1.22-25). Elle est comparée à une graine qui va donner naissance (Jc 1.18), à du lait qui suscite la croissance (1 P 2.2), à du blé qui nourrit alors que la paille ne le peut pas (Jr 23.28), à du miel plein de douceur et à de l'or qui enrichit celui qui le possède (Ps 19.10).

Ces images ne sont nullement exagérées. Le Journal de John Wesley est rempli de références à la puissance de la parole de Dieu qui touche des individus initialement hostiles à sa prédication. Billy Graham a

---

4. « Le cri – le discours du Prix Nobel », dont cette citation est la dernière phrase. Publié dans *L'Express*, Paris, n°1104, 4-11 septembre 1972, pp. 66-73. Téléchargeable sur http://classiques.uqac.ca/contemporains/soljenitsyne_alexandre/le_cri_prix_nobel/soljenitsyne_e_cri_prix_nobel.pdf

vu cette même puissance à l'œuvre dans ses tournées. Même si nous n'avons pas les dons remarquables de ces grands hommes, la parole de Dieu est toujours puissante. Rappelons-nous la parabole du semeur. Ce n'est pas l'intégralité de nos semailles qui portera du fruit. Une partie du terrain est dure et cailouteuse, et les oiseaux, les mauvaises herbes et le soleil brûlant empêchent la graine de pousser. Mais soyons encouragés par la promesse selon laquelle il y aura de la terre qui s'avérera bonne et qui produira une abondance de fruit durable. Il y a de la vie et de la puissance dans la semence, et lorsque l'Esprit prépare la terre et arrose la semence, il y aura une croissance fructueuse.

C'est ainsi qu'on peut dire qu'« un vrai sermon est une vraie action ».[5] Nous montons en chaire avec une parole dans nos mains, dans notre cœur et dans notre bouche, et cette parole est puissante. On doit en attendre des résultats. On doit s'attendre à voir des conversions. Spurgeon exhortait les pasteurs « à prier et à prêcher au point que, s'il n'y a pas de conversions, vous en serez étonnés, stupéfaits et meurtris », leur disait-il.[6]

Des convictions sur l'Église

Nous avons beaucoup de convictions sur l'Église, mais ici nous nous concentrons sur la ferme assurance que l'Église est la création de Dieu par sa parole et qu'elle dépend de sa parole. C'est la parole de Dieu qui maintient l'Église en vie, qui la dirige et qui la sanctifie, qui la réforme et qui la renouvelle. Le Christ gouverne et nourrit son Église par la parole de Dieu. Aussi bien en tant qu'individu que constitué en Église, « l'homme ne vit pas de pain seulement, mais… de toute parole qui sort de la bouche de Dieu » (Dt 8.3, cité par Jésus en Mt 4.4).

Ce point est continuellement rappelé dans toutes les Écritures quand Dieu s'adresse à son peuple, pour lui enseigner ses voies et l'appeler, à la fois pour lui-même et pour le peuple, à entendre son message et à y obéir. L'Ancien Testament ne cesse de rappeler que le bien-être du peuple de Dieu dépend du fait qu'il écoute sa voix, qu'il croie ses

---

5. P. T. Forsyth, *Positive Preaching and the Modern Mind*, 1907 ; réimp. Whitefield, Mont, Kessinger, 2003, p.3.

6. C. H. Spurgeon, *All-Round Ministry*, 1900, Edimbourg, Banner of Truth, 1960, p.187.

promesses et qu'il obéisse à ses commandements. La santé de l'Église dans le Nouveau Testament dépendait aussi de l'attention qu'elle portait à la parole de Dieu.

Cela reste vrai aujourd'hui, en dépit du fait que nous ne recevons pas une révélation toute neuve et directe comme cela est arrivé aux prophètes et aux apôtres. Si nous prêchons les Écritures fidèlement, le Saint-Esprit fera vivre la parole de Dieu dans le cœur de ceux qui nous écoutent. Par sa parole, Dieu va donner à son peuple la vision sans laquelle l'Église va périr. D'abord, on commencera à voir qu'il veut que l'Église soit sa nouvelle société en ce monde. Ensuite, on commencera à saisir les ressources qu'il nous a données en Christ pour parvenir à cet objectif. Ce n'est que par une écoute humble et obéissante de sa voix que l'Église peut grandir en maturité, servir le monde et glorifier notre Seigneur.

Martyn Lloyd-Jones faisait remarquer que « les périodes et les ères de décadence dans l'Église ont toujours été ces périodes où la prédication était en déclin ».[7] Un faible niveau de vie chrétienne est dû, plus qu'aucun autre facteur, à un faible niveau de prédication chrétienne. Si l'Église doit redevenir florissante, elle a besoin d'une prédication fidèle, puissante et biblique. Dieu continue d'inciter son peuple à écouter sa parole et ses prédicateurs à la proclamer.

Des convictions sur le pastorat

Jésus-Christ donne des dirigeants à son Église et son intention est qu'ils deviennent un élément permanent de la structure ecclésiale. Soyons attentifs aux paroles de Paul : « Cette parole est certaine. Si quelqu'un aspire à la charge d'évêque, il désire une belle œuvre » (1 Tm 3.1).

Le Nouveau Testament appelle les dirigeants de l'Église « évêques » ou « anciens » (Tt 1.5). Ils n'ont plus rien à voir avec les prêtres de l'Ancien Testament qui offraient des sacrifices, mais ils sont des pasteurs ou bergers dont la responsabilité première consiste à prendre soin de leur troupeau (Ac 20.28). Dieu a fait des reproches aux bergers d'Israël pour s'être nourris à la place de leurs troupeaux (Ez 34.1-3) ; en revanche, le bon Berger a non seulement promis que ses moutons seraient en sécurité sous ses bons soins, mais il a demandé de manière réitérée à

---

7. D. Martyn Lloyd-Jones, *Preaching and Preachers*, Hodder & Stroughton, 1971, p.24.

Pierre : « Prends soin de mes agneaux », « Sois le berger de mes brebis » (Jn 21.15-17). Voilà un commandement que les apôtres n'ont jamais oublié. Plus tard, Pierre écrira que les anciens doivent faire « paître le troupeau de Dieu » (1 P 5.2), et Paul disait aux anciens de l'église d'Éphèse : « Prenez donc garde à vous-mêmes et à tout le troupeau parmi lequel l'Esprit saint vous a nommés évêques ; faites paître l'Église de Dieu » (Ac 20.28). Quel privilège de se voir confier par le Berger suprême le soin de ceux qu'il a rachetés avec son propre sang !

Nourrir le troupeau de Dieu, cela signifie instruire son Église. C'est la raison pour laquelle parmi les critères de choix d'un ancien figurent à la fois la loyauté à la foi apostolique et le don d'enseignement (Tite 1.9 ; 1 Tm 3.2). Cet enseignement ne doit pas se faire avec une position de domination telle que la congrégation dépende davantage de l'ancien que de l'Esprit de vérité (Mt 23.8). En effet, la nouvelle alliance de Dieu promet : « tous me connaîtront », au moment où le Saint-Esprit sera donné à tous les croyants. Tous « ont une onction de la part de celui qui est saint » et sont eux-mêmes « instruits par Dieu » ; et donc, en un sens, nous pouvons nous passer d'enseignants humains (Jr 31.34 ; 1 Jn 2.20-27 ; 1 Th 4.9). Il est également vrai que tous les membres d'églises ont cette responsabilité : « Que la parole du Christ habite en vous richement, – en toute sagesse vous enseignant et vous exhortant l'un l'autre » (Col 3.16 Darby). Pourtant, toutes ces vérités ne contredisent pas le fait que les pasteurs sont appelés et mis à part pour se consacrer à un travail de prédication et d'enseignement (1 Tm 5.17).

Le fait que les dons du Seigneur à son Église comprennent des « pasteurs et docteurs » (Ep 4.11) montre que Dieu veut que chaque église locale puisse profiter de la supervision pastorale. Cette supervision doit être effectuée par une équipe, car le terme « anciens » est presque toujours employé au pluriel dans le Nouveau Testament (Ac 14.23, 20.17 ; 1 Tm 4.14 ; Tt 1.5). La tâche des anciens comporte la prédication et l'enseignement, et au moins un membre de l'équipe devrait s'atteler à la tâche astreignante de prêcher la parole. Cette tâche exige beaucoup de temps et d'énergie, mais sans un tel engagement la congrégation risque d'être faible et mal nourrie.

Parfois, se pose la question de savoir s'il y a une différence entre prédication et enseignement. Si c'est le cas, c'est très mineur. Jésus a à la fois enseigné et prêché (Mt 4.23), et l'apôtre Paul se qualifiait à la fois de prédicateur et d'enseignant de l'Évangile (Tt 1.3 ; 2 Tm 1.11). Il se peut que sa prédication se soit adressée aux pécheurs et son enseignement à ses convertis. Mais le contenu de sa prédication ne semble pas entièrement différent du contenu de son enseignement. Il est probable que les deux se recoupaient beaucoup.

On entend quelquefois dire que quand le Nouveau Testament parle de prédication, il se réfère à l'évangélisation, et que ce que nous appelons prédication (un sermon adressé à une congrégation chrétienne) n'intervient jamais dans le Nouveau Testament. Mais un bref survol historique démontrera la faiblesse de cet argument.

La pratique consistant à rassembler le peuple de Dieu pour lui expliquer sa parole remonte à l'Ancien Testament. Moïse commandait aux prêtres de réunir le peuple et de lui lire la Loi, tout en en donnant vraisemblablement l'explication et l'application au fur et à mesure de son déroulement (Dt 31.9-13 ; voir aussi Ml 2.7-9). Esdras « apporta la loi devant l'assemblée » et « il leur lut à haute voix » (BFC). Les Lévites partageaient son ministère et « lisaient distinctement dans le livre de la loi de Dieu et ils en donnaient le sens pour faire comprendre ce qu'ils avaient lu » (Né 8.1-8). Plus tard, la liturgie de la synagogue comprenait des lectures dans la Loi et les Prophètes, après quoi quelqu'un prêchait. Lorsque Jésus est dans la synagogue de Nazareth, il commence par lire dans Ésaïe 61, puis, dans son message, il annonce que lui-même est l'accomplissement de cette parole de l'Écriture (Lc 4.16-22). De même, quand Paul se trouve dans l'assistance à la synagogue d'Antioche de Pisidie, les participants au culte écoutent d'abord une lecture tirée « de la Loi et des Prophètes », après quoi Paul est invité à prêcher (Ac 13.14-43).

Lorsque les croyants soit quittaient, soit étaient expulsés des synagogues et se mettaient à concevoir leurs propres rassemblements chrétiens, ils conservaient la même forme de culte. Toutefois, ils ajoutaient aux extraits de la Loi et des Prophètes une lecture de l'une des lettres apostoliques (par ex. Col 4.16 ; 1 Th 5.27). Luc nous donne un aperçu d'un rassemblement chrétien à Troas où le culte incluait la fraction du pain et un sermon de Paul qui avait « prolongé son discours jusqu'à minuit » avec des conséquences désastreuses (Ac 20.7-11).

Bien que ce soit le seul culte chrétien du Nouveau Testament dont il est explicitement dit qu'il comportait un sermon, il n'y a pas de raison de supposer que c'était exceptionnel. Au contraire, Paul donne à Timothée des instructions précises sur la prédication : « En attendant ma venue, consacre–toi à la lecture publique des Ecritures, à la prédication et à l'enseignement. » (1 Tm 4.13 Semeur). Il est clair que la lecture de la Bible devait être suivie à la fois par la prédication et par l'instruction basée sur le passage de l'Écriture. Probablement y avait-il aussi une forme d'évangélisation, car parmi ceux qui étaient présents il y avait des membres à la marge (connus comme les « craignant-Dieu » dans les synagogues), ceux qui se préparaient au baptême, et même des visiteurs incroyants (1 Co 14.23). Néanmoins, l'accent portait sur l'instruction des fidèles.

Si les pasteurs d'aujourd'hui prenaient au sérieux l'insistance du Nouveau Testament sur la prédication et l'enseignement, ils trouveraient leur travail tout à fait épanouissant. Malheureusement, nombre de pasteurs sont plutôt accaparés par les tâches administratives. Les symboles de leur ministère sont le secrétariat au lieu de la bibliothèque, et le téléphone, l'ordinateur ou le Blackberry au lieu de la Bible. Si notre priorité est de nous consacrer « à la prière et au service de la Parole », comme les apôtres (Ac 6.4), cela pourrait impliquer une restructuration radicale de nos tâches quotidiennes et hebdomadaires. Nous aurions à déléguer davantage de responsabilités aux dirigeants laïcs. Mais cela témoignerait d'une attitude et d'une approche du pastorat conforme à ce que nous en dit le Nouveau Testament, et cela améliorerait grandement la santé de l'église.

Des convictions sur la prédication

Quelle sorte de sermons les pasteurs doivent-ils prêcher ? Les manuels ont tendance à faire une liste de choix, parmi lesquels figure la prédication textuelle. Mais je ne saurais souscrire à l'idée que ne ce soit là qu'un type de sermon possible parmi bien d'autres. Toute prédication véritablement chrétienne doit être textuelle. Nous utilisons ce mot à tort et à travers si nous pensons qu'il ne s'applique qu'au commentaire verset par verset d'un long passage de l'Écriture. En réalité, « textuelle » renvoie au contenu du sermon plus qu'à son style. Prêcher « textuellement » sur un texte biblique signifie : extraire ce qui est dans le texte, le révéler. Celui qui prêche textuellement ouvre ce qui paraît être fermé, rend clair ce qui est perturbant, démêle ce qui est entremêlé, et déploie ce qui est empaqueté, serré.

Ce « texte » peut être un mot, un verset ou une phrase. Quelquefois, ce sera un paragraphe ou deux. Ce peut même être tout un chapitre ou tout un livre. Peu importe la taille du texte, du moment qu'il provient de la Bible. Ce qui compte, c'est ce que nous en faisons. Qu'il soit long ou court, la responsabilité de celui qui l'expose consiste à l'ouvrir de telle manière qu'il exprime son propre message avec clarté, limpidité, exactitude, pertinence, sans ajout, ni suppression, ni distorsion. Dans la prédication textuelle, le texte biblique n'est pas la rampe de lancement d'un sermon qui débouche sur le traitement d'un thème qui n'a rien à voir. Ce n'est pas non plus un crochet bien pratique pour y suspendre un fatras de pensées. Le texte est un maître qui dicte et dirige le contenu, le ton et la visée de nos sermons. Philip Ryken l'a bien formulé :

> La prédication textuelle n'est pas tant une méthode qu'une tournure d'esprit. Un ministre qui se perçoit comme prêchant textuellement sait qu'il n'est pas le maître de la parole mais son serviteur. Il n'a d'autre ambition que de prêcher ce que les Écritures enseignent vraiment. Son but est d'être fidèle à la parole de Dieu au point que son peuple puisse entendre la voix de Dieu. Lui-même n'est que la bouche de Dieu, d'où sort le message de Dieu jusqu'aux oreilles du peuple de Dieu, et de là jusque dans les esprits et les cœurs. À cette fin, il se fraye soigneusement un chemin dans les Écritures, en les lisant, en les expliquant et en les appliquant à son assemblée.[8]

David Hubbard a bien saisi comment cette attitude d'humilité fonctionne dans la pratique :

> Interpréter la Bible, c'est comme forcer un coffre-fort. Non pas selon la méthode du pied de biche et de la dynamite, mais selon la méthode où, avec des doigts de fée, on effleure le bouton jusqu'à ce que les verrous sautent. On laisse le coffre-fort nous donner sa propre combinaison. Lorsque, dans notre préparation, nous nous confrontons à l'Écriture, nous devons être honnête avec elle. Notre tendance, c'est d'avoir une idée... Et ensuite, nous disons : « Maintenant je vais tâcher de trouver un texte ou un passage pour soutenir cette idée. »

---

8. Philip Graham Ryken, *City on a Hill : Reclaiming the Biblical Pattern for the Church in the 21st Century*. Chicago, Moody, 2003, p.48-49.

> Une bonne partie de notre prédication tombe dans le piège d'asservir la Bible à un but utilitaire. Nous utilisons le texte comme un instrument destiné à conforter certaines idées que nous voulons faire passer, au lieu d'aller au texte et de le laisser nous informer.[9]

Considérons quelques-uns des bénéfices principaux de cette approche rigoureuse.

Premièrement : *la prédication textuelle nous fixe des limites.* Elle nous restreint au texte scripturaire. Ce n'est pas un passage de la littérature mondiale, ni d'un discours politique, ni même d'un livre religieux que nous développons. Ce ne sont pas non plus nos opinions personnelles que nous présentons. Non, notre texte est toujours repris de la parole de Dieu. La toute première qualification nécessaire à la prédication textuelle, c'est la reconnaissance du fait que nous sommes les gardiens d'un « dépôt » sacré de la vérité (1 Tm 6.20 ; 2 Tm 1.12-14), des personnes à qui Dieu a confié son Évangile (1 Th 2.4), « des intendants des mystères de Dieu » (1 Co 4.1, 2 NBS).

Deuxièmement : *la prédication textuelle exige de l'intégrité.* Hélas, tout le monde n'en est pas convaincu. Il paraît qu'on peut faire dire n'importe quoi à la Bible, mais cela n'est vrai que si l'on manque d'intégrité et que si l'on ne s'engage pas dans une étude rigoureuse.

La description de ce que nous faisons en matière d'exégèse grammatico-historique nous rappelle que nous devons interpréter le texte à la lumière de son origine historique et de sa grammaire. Quand les Réformateurs du XVIe siècle commencèrent à se référer à l'interprétation « littérale » des Écritures, ils ne niaient pas que certains passages fussent poétiques ou figuratifs, mais ils démarquaient leur approche d'un style d'interprétation allégorique complètement fantaisiste. Ils disaient avec insistance que quiconque étudie la Bible doit rechercher le sens clair, naturel, évident de chaque texte. À travers ses mots, que voulait faire passer l'auteur original ? Telle était la question – et c'est une question à laquelle on peut répondre avec confiance, si l'on travaille patiemment. Les auteurs bibliques étaient des hommes honnêtes, pas des imposteurs, et ils entendaient bien que leurs textes soient compris par leurs lecteurs.

---

9. David A. Hubbard, « Some Musings on the Preacher's Task ». Article non publié cité par Michael P. Halcomb, « The Use of the Metaphor in Preaching ». Thèse de doctorat en pastorale présentée au Bethel Theological Seminary, 1982, p.119.

Les Réformateurs soutenaient également que l'Écriture a une unité donnée par Dieu et qu'on doit, en conséquence, la laisser s'interpréter par elle-même. Tel passage en éclairera tel autre. Les chrétiens doivent respecter cette harmonie et ne doivent interpréter aucun passage d'une façon qui en contredise un autre. Nous admettons qu'il existe des passages difficiles, mais nous devons chercher à les harmoniser d'une manière responsable.

Ce serait une bonne chose si chaque prédicateur chrétien pouvait dire avec Calvin : « [Je] n'ai pas corrompu un seul passage de l'Écriture, ni détourné à bon escient... et me suis toujours étudié à simplicité ».[10]

John Bright aborde lui aussi le problème de l'intégrité lorsqu'il dit qu'un prédicateur biblique doit commencer par prendre la peine de déterminer exactement ce que signifie son texte :

> ...non pas ce qu'il avait toujours pensé qu'il signifiait, non pas ce qu'il préférerait qu'il signifie, non pas ce que ce texte peut sembler signifier superficiellement, mais ce qu'il signifie en réalité. Il ne saurait y avoir de prédication biblique si le texte n'est pas abordé avec un sérieux extrême. Si le prédicateur se sent libre de ne pas prendre en compte son texte, s'il s'autorise à en tordre ou à en déformer le sens afin de l'amener à appuyer telle ou telle thèse qu'il veut faire valoir, ou bien s'il se contente de tirer les leçons qui en découlent tout en négligeant l'argument principal du texte, mieux vaut alors pour lui laisser tomber toute prétention à faire de la prédication biblique. La prédication biblique est une prédication qui vise à amener les propres termes du texte à s'appliquer à la situation contemporaine ; elle doit par conséquent commencer avec les termes mêmes du texte. Elle requiert que le prédicateur fasse un effort résolu pour s'assurer aussi précisément que possible de ce que le texte voulait transmettre à ceux à qui il était destiné à l'origine. S'il ne veut pas se fatiguer à cela, il ne peut tirer aucun message légitime du texte à destination de son assemblée. Son sermon sera peut-être intéressant, voire édifiant ; mais qu'il n'aille pas le présenter comme l'authentique parole biblique à son peuple. Il ne représente rien d'autre que ses propres mots, que ses

---

10. Cité *in* Jean Cadier : *Calvin, l'homme que Dieu a dompté*. Labor & Fides, 1963, 2ᵉ éd., p.176.

> propres réflexions, celles-ci ayant éventuellement été suggérées
> par la parole biblique, ce qu'il devrait admettre franchement.[11]

Troisièmement : *la prédication textuelle permet de repérer les pièges* que nous devons éviter. Les deux pièges principaux sont l'oubli et l'imprécision. Le commentateur oublieux perd son texte de vue quand il suit sa petite idée et qu'il oublie de suivre ce que dit le texte. Le commentateur imprécis paraît coller à son texte, mais il le tortille à tel point que celui-ci en vient à signifier tout à fait autre chose que son sens originel et naturel. Les auteurs du Nouveau Testament eux-mêmes recourent à des images verbales pour nous mettre en garde contre cette perversion. Les faux docteurs sont condamnés pour s'être « écartés » de la vérité, comme un archer qui rate sa cible (2 Tm 2.18) ; ils « trafiquent de la parole de Dieu », comme un colporteur qui fait de la vente en trompant son client (2 Co 2.17 TOB). Ils « pervertissent » l'Évangile en en modifiant le contenu, et ils « tordent le sens » des Écritures ou les déforment jusqu'à les rendre méconnaissables (Ga 1.7 ; 2 P 3.16). Tranchant avec cela, Paul dit rejeter « les intrigues et les procédés indignes » (Semeur), et refuse absolument d'« altérer la parole de Dieu », voulant plutôt « rendre la vérité manifeste » (cf. 2 Co 4.2).

Quatrièmement : *la prédication textuelle nous donne la confiance pour prêcher*. Si nous proposions nos propres points de vue ou ceux d'un imparfait confrère en humanité, c'est avec hésitation que nous le ferions. Mais si c'est la parole de Dieu que nous ouvrons et que nous expliquons, nous pouvons le faire hardiment. Quiconque parle, « qu'il annonce les paroles révélées de Dieu », écrit Pierre (1 P 4.11 NBS). Comme aux Juifs, c'est à nous « que les paroles révélées de Dieu ont été confiées » (Rm 3.2 NBS). Notre devoir essentiel consiste à manipuler ces paroles avec une fidélité telle que Dieu puisse encore parler par elles.

Dans ce chapitre, les vérités qu'on vient de présenter sur Dieu, sur les Écritures, sur l'Église, sur le pastorat et sur la prédication textuelle permettront de fortifier nos convictions vacillantes. Les objections et les défis opposés à la prédication ne doivent pas nous rebuter. Au contraire, à nous de nous consacrer à ce ministère avec une énergie et une détermination renouvelées. Rien ne saurait nous détourner de notre grande tâche.

---

11. John Bright, *The Authority of the Old Testament*, Grand Rapids, Baker, 1975, p.168-169.

3

PRÊCHER POUR CONSTRUIRE DES PONTS

Jusqu'ici, nous avons abordé quelques défis qui se posent couramment à la prédication et nous en avons développé une défense théologique. Mais nous n'avons pas encore défini ce qu'est la prédication, sauf pour insister en disant que, afin d'être véritablement chrétienne, elle doit être « dite *textuelle* » (ou « *biblique* »). Pour autant, ce n'est pas une définition complète. Prêcher, cela va bien au-delà de la simple interprétation de textes bibliques.

Cela devient clair dès que nous considérons six des principales images utilisées pour qualifier les prédicateurs chrétiens. La plus connue, c'est celle du héraut ou du crieur public, celui à qui on a donné une bonne nouvelle afin qu'il l'annonce à tout le monde. Alors, il va sur la place du marché ou sur la place publique et il fait connaître la nouvelle. Paul voit sa propre prédication comme celle d'un héraut proclamant la nouvelle du Christ crucifié (1 Co 1.23) et proclamant la nouvelle que Jésus-Christ est Seigneur (2 Co 4.5 ; voir aussi Es 40.9 ; 52.7).

Les prédicateurs sont également décrits comme des semeurs qui sortent dans le monde ainsi que des cultivateurs qui vont dans leurs champs. Ils sèment la précieuse semence de la parole de Dieu, espérant dans la prière qu'une partie en tombera dans la terre bien préparée et qu'elle produira du bon fruit en son temps (Lc 8.4-15).

Les prédicateurs sont des ambassadeurs mandatés pour plaider la cause d'un gouvernant ou d'un gouvernement dans une terre étrangère, voire hostile (2 Co 5.20 ; Ep 6.20). Ce sont aussi des gérants ou des intendants à qui on a confié la charge de la maison de Dieu et qui sont responsables des provisions afin de les répartir équitablement entre les membres de la maisonnée (1 Co 4.1,2 ; 1 Tm 3.4,5 ; Tt 1.7).

Nous avons déjà parlé de leur rôle de pasteurs et de bergers. Le grand Berger leur a confié le soin de son troupeau et, en qualité de sous-bergers, ils doivent protéger le troupeau des loups (les faux docteurs) et les mener au pâturage (la saine doctrine) (Ez 34 ; Jn 21.15-17 ; Ac 20.28-31).

La sixième image présente le prédicateur « comme un homme qui a fait ses preuves, un ouvrier qui n'a pas à rougir » parce qu'il « dispense avec droiture la parole de la vérité » (2 Tm 2.15). Dans d'autres contextes, le verbe grec utilisé ici signifie : « capable de tailler un sentier direct dans une contrée forestière ou difficile à traverser afin qu'un voyageur puisse arriver directement à destination ».[1] Cette prédication droite, directe, contraste avec les faux enseignements de ceux qui s'écartent de la vérité (2 Tm 2.18). Notre enseignement doit être fidèle au texte et simple de sorte que nos auditeurs puissent le comprendre et le suivre aisément.

Remarquez que, dans chacune de ces six illustrations, le message est donné. Les prédicateurs n'ont pas à l'inventer : il leur est confié. La bonne nouvelle a été donnée au héraut pour être annoncée, la bonne semence au cultivateur pour être semée, la bonne nourriture à l'intendant pour qu'il la distribue, et ainsi le bon pâturage est accessible au troupeau du berger. Pareillement, les ambassadeurs ne présentent pas leurs propres idées mais la politique adoptée par leur pays. Les ouvriers frayent un chemin pour « la parole de la vérité », et non pour leurs propres paroles. Dans toutes ces images que nous trouvons dans le Nouveau Testament, le prédicateur est un serviteur placé sous l'autorité d'un autre, le communicateur de la parole d'un autre. La tâche du prédicateur consiste à contextualiser ce message, en le relayant de telle façon que les auditeurs puissent s'y rattacher.

Franchir le gouffre culturel

Les images bibliques montrent que la prédication est la communication d'un message donné par Dieu à nos contemporains, qui ont besoin de l'entendre. Pour être en mesure de le faire, il nous faut être capables

---

1. D'après Bauer, Arndt et Gingrich, *A Greek-English Lexicon of the New Testament and Other Early Christian Literature*. Le même verbe est utilisé en Proverbes 3.6 et 11.5 (LXX). Voir également orqotomew dans le Bailly où la réf. du NT est indiquée.

de construire des ponts qui enjambent le gouffre entre le monde biblique et le monde moderne. Tout comme un pont rend la circulation possible d'un côté à l'autre d'une rivière ou d'un ravin, de même notre prédication doit permettre à la vérité révélée de Dieu de s'écouler depuis les Écritures jusque dans la vie des hommes et des femmes de notre temps. Les deux extrémités de nos ponts doivent être fermement ancrées si nous voulons être en mesure de montrer que le christianisme est toujours pertinent aujourd'hui.

Les prédicateurs qui ont une théologie conservatrice ont tendance à commettre l'erreur de ne vivre que sur le versant biblique du gouffre. C'est là qu'on se sent bien installé et en sécurité. Nous croyons la Bible, aimons la Bible, lisons la Bible, étudions la Bible et prêchons le message de la Bible. Mais nous ne sommes pas chez nous dans le monde moderne de l'autre côté du gouffre. Ce monde nous déstabilise et nous menace. Aussi notre pont est-il fermement ancré dans la Bible mais sans jamais atteindre l'autre rive. Si nous sommes amenés à justifier notre pratique de la prédication sans l'application, nous répondons pieusement que notre confiance repose sur le Saint-Esprit afin qu'il applique sa parole aux réalités de la vie humaine.

De l'autre côté de l'abîme se trouvent les prédicateurs qui se prévalent d'évoluer avec le temps et qui fondent leurs sermons sur le monde moderne. Ils sont très désireux de reformuler la foi chrétienne en des termes qui soient compréhensibles, porteurs de sens et de crédibilité pour leurs contemporains, et c'est pourquoi ils essayent de répondre aux questions que posent les gens même si ce ne sont pas les bonnes questions. Mais si nous acceptons sans discernement la compréhension que le monde a de lui-même, nous finirons par nous retrouver comme serviteurs de la dernière mode au lieu d'être les serviteurs de Dieu. Dans notre ardeur à être dans le coup, nous pourrions déconsidérer la vérité révélée de Dieu.

Aussi, s'aperçoit-on que les conservateurs sont bibliques mais pas de leur temps, alors que les libéraux et les radicaux sont modernes mais pas bibliques. Et on a l'impression que personne ne construit de ponts. Nous devons demander à Dieu de faire de nous des communicateurs chrétiens qui sont résolus à franchir le ravin. Nous devons nous battre pour relier la parole intangible de Dieu à notre monde en perpétuel changement sans sacrifier la vérité ni mépriser l'actualisation.

En construisant ces ponts, nous ne faisons que suivre l'exemple de Dieu, qui s'est exprimé pour son peuple dans ses situations historiques et culturelles particulières par ses prophètes, et dont la Parole éternelle s'est faite chair en la personne d'un Juif de la Palestine du Ier siècle nommé Jésus. Dieu s'est mis à notre niveau. Il a démontré que, nous qui prêchons, nous ne devons pas nous contenter d'employer le langage de nos auditeurs, mais véritablement pénétrer le monde de leurs pensées et de leurs impressions. Incarnation (échanger un monde contre un autre), pas seulement traduction (échanger un langage contre un autre), tel est le modèle chrétien de communication.

En construisant des ponts de ce genre, nous suivons aussi les traces des grands prédicateurs de tous les temps. Jean Chrysostome (qui mourut en 407) est qualifié d'« homme du mot et d'homme du monde » dont la prédication était à la fois intemporelle et de son temps.[2] Au XVIIIe siècle, on dit que Jonathan Edwards avait la réputation d'être imbattable sur sa connaissance de la Bible et du cœur humain.[3] Aussi bien Spurgeon au XIXe siècle que Karl Barth au XXe siècle conseillaient aux prédicateurs de préparer leurs sermons avec « la Bible dans une main et le journal dans l'autre ».[4]

Cependant, construire des ponts n'est pas la seule image utilisable pour relier la Bible avec le monde. Ian Pitt-Watson propose l'image suivante :

> Chaque sermon est tendu comme la corde d'un arc entre le texte biblique, d'une part, et les problèmes de la vie contemporaine, d'autre part. Si la corde n'est pas fermement arrimée à chaque bout, l'arc ne sert à rien.[5]

Une autre image est proposée par l'évêque Stephen Neill :

---

2. Charles Silvester Horne, *The Romance of Preaching*, the 1914 Yale Lectures, New York, Fleming H. Revell, 1914, p.135,144-145. Nous avons essayé de rendre l'expression « *man of the word, man of the world* » (littéralement: "homme de la Parole et homme du monde").

3. S. E. Dwight, *The Works of President Edwards*, New York, Carvill, 1830 ; t.1, p.606.

4. Arthur Michael Ramsey et cardinal Léon-Joseph Suenens, *The Future of the Christian Church*, Londres, S. C. M., 1971, p. 13,14. Voir également la brochure de Charles H. Spurgeon, « The Bible and the Newspaper », *Lectures to my Students*, 3e série. Londres, Passmore and Alabaster, 1894, réimpr. Grand Rapids, Zondervan, 1980, p.54.

5. Ian Pitt-Watson, *A Kind of Folly : Towards a Practical Theology of Preaching*, The 1972-1975 Warrack Lectures, Edimbourg, St. Andrew Press, 1976, p.57.

La prédication, c'est comme le tissage. Il y a les deux facteurs que sont la chaîne et la trame. Il y a l'élément fixe, inaltérable, qui pour nous est la parole de Dieu, et il y a l'élément variable, qui permet au tisserand de changer et de faire varier le modèle à sa guise. Pour nous, l'élément variable, c'est le modèle des gens et des situations en perpétuel changement.[6]

Prêcher le Christ

Si notre prédication vise à construire un pont entre la Bible et le monde, la première chose à faire consiste à se confronter aux thèmes principaux de la vie humaine : Quel est le but de notre existence ? La vie a-t-elle un sens ? D'où viens-je ? Où vais-je ? Que signifie : être humain ? En quoi l'homme se distingue-il de l'animal ? Qu'est-ce qui pousse les humains à avoir un esprit religieux ? Qu'est-ce que la liberté ? Pourquoi y a-t-il un écart pénible entre ce que je suis et ce que je voudrais être ? Y a-t-il un moyen de s'affranchir de la culpabilité et de la honte ? Pourquoi aspirons-nous à l'amour, à l'épanouissement sexuel, au mariage, à la vie de famille et à la vie communautaire, tout en éprouvant des passions destructrices telles que la jalousie, la méchanceté, la haine, la convoitise et la vengeance ? Pourquoi nous sentons-nous étrangers aux autres ? Est-il possible d'aimer son prochain ? Pourquoi l'existence du mal et de la souffrance ? Comment trouver le courage d'affronter la vie, la mort et ce qu'il y a éventuellement après la mort ? Quelle espérance peut nous encourager dans notre désespérance ?

Ces questions se sont posées à toutes les générations. Elles reflètent la nature de l'humanité telle qu'elle est révélée dans l'Écriture : nous sommes des créatures éminentes faites à l'image de Dieu, mais nous sommes aussi des pécheurs déchus et coupables.

Jésus-Christ apporte les réponses à ces questions. Pour le moins il nous éclaire, plus que quiconque, sur des mystères insondables, tels que la souffrance et le mal. Il est l'accomplissement de toutes les aspirations humaines (Col 2.3, 9-10). C'est pourquoi, avant toute chose, nous devons prêcher le Christ. Si nous voulons trouver la véritable sagesse, entrer dans une relation juste avec Dieu, ou grandir en maturité, nous

---

6. S. C. Neill, *On the Ministry*, Londres, S. C. M., 1952, p.74.

devons nous tourner vers Jésus-Christ. Car le Christ crucifié et ressuscité a été mandaté par Dieu pour satisfaire son peuple.

Celui que nous prêchons n'est pas un Christ coupé de la réalité, ni un être lointain sans rapport avec le monde réel, ni uniquement le Jésus de l'Histoire. C'est le Christ ressuscité qui, autrefois, a vécu et qui est mort, et qui vit et règne aujourd'hui. Il nous donne conscience de notre valeur parce qu'il nous assure de l'amour de Dieu pour nous. Il nous libère de la culpabilité et de la honte parce qu'il est mort pour nous. Nous nous évadons de la prison de notre égocentrisme par la puissance de sa résurrection. Nous n'avons pas à vivre dans la crainte, parce qu'il règne. C'est lui qui donne sens au mariage et au foyer, au travail et aux loisirs, à l'individualité et à la citoyenneté. Il nous promet que l'histoire a bien un sens et qu'elle aura une fin. Un jour, il reviendra pour y mettre un terme, pour détruire la mort et instaurer un nouvel univers de justice et de paix.

Prêcher l'éthique

Construire des ponts signifie aussi que nous devons nous adresser aux questions éthiques et sociales qui affectent nos auditeurs et la société dans laquelle nous vivons. Car l'Évangile ne concerne pas seulement notre salut mais aussi notre sanctification. Jacques y insiste : « la foi sans les œuvres est morte » (Jc 2.26).

Un comportement éthique n'est pas une conséquence automatique de l'acceptation de la bonne nouvelle. Il faut qu'il soit enseigné. C'est pourquoi les apôtres qui proclamaient l'Évangile ont aussi donné un enseignement éthique clair et concret. Enseigner les critères de conduite morale qui sont la parure de l'Évangile et insister pour que nos auditeurs s'y conforment, ce n'est ni du légalisme ni du pharisaïsme mais le christianisme tel que les apôtres nous l'ont transmis.

Cette responsabilité des prédicateurs est clairement exposée dans l'épître de Paul à Tite, quand Tite se voit confier une double mission : d'une part d'enseigner « ce qui est conforme à la saine doctrine » (la foi apostolique) et d'autre part d'encourager un bon comportement qui « fait honneur à l'enseignement de Dieu, notre Sauveur » (comportement moral). En Tite 2.1-10, Paul donne des instructions détaillées pour différents groupes de la congrégation. Les hommes âgés doivent se comporter d'une manière responsable et être aimables, sérieux et mûrs.

Les femmes âgées doivent être respectueuses et instruire les jeunes femmes sur leurs responsabilités envers leur mari et leurs enfants. Tite lui-même doit servir d'exemple aux jeunes hommes et les inciter à se maîtriser. Les esclaves doivent plaire à leurs maîtres en étant travailleurs et honnêtes. Ces instructions disent clairement que lorsque nous proclamons l'Évangile, il faut prolonger cela en développant ses conséquences morales. De même, lorsque nous donnons des instructions sur le comportement chrétien, nous devons en poser les fondements évangéliques.

Dans notre prédication, nous devons aborder la façon dont notre foi influence notre comportement moral dans un certain nombre de domaines, à commencer par la sphère *individuelle*. Nous devons réfléchir à notre devoir envers notre corps comme temple du Saint-Esprit lorsqu'il s'agit de décider de fumer, de se faire tatouer ou de se faire poser un piercing. Étant donné que la discipline du regard est un moyen essentiel de la maîtrise sexuelle, nous devons faire un choix bien conscient des films à voir, des magazines à lire et des sites web à consulter. Par rapport à l'habillement, il nous faut distinguer entre modestie et vanité, simplicité et extravagance. Mais lorsqu'on prêche sur ces questions-là, il faut faire attention à ne pas perdre le sens des proportions. Comparés aux grandes questions morales et sociales de notre temps, certains de ces sujets sont au mieux secondaires. S'obséder là-dessus, c'est se rendre coupable de ce pharisaïsme qui s'arrête sur les détails et qui néglige ce que Jésus appelait le « plus important dans la loi : le droit, la miséricorde et la fidélité » (Mt 23.23, 24). Il faut néanmoins montrer que l'Ancien Testament fait ressortir ce que cela signifie de vivre selon les Dix Commandements. Nous devons imiter Jean-Baptiste dans le Nouveau Testament, lui qui expliquait aux gens ce que signifie produire « des fruits dignes du changement radical ». Les collecteurs d'impôts ne devaient collecter que l'argent effectivement dû. Les soldats ne devaient ni extorquer de l'argent ni lancer de fausses accusations, et ils devaient se contenter de leur solde (Lc 3.8-14). Les apôtres ont donné des enseignements analogues dans leurs lettres, qui tantôt recommandent les vertus chrétiennes générales (« amour, joie, paix, patience, bonté, bienveillance, foi, douceur, maîtrise de soi » - Ga 5.22-23) et tantôt donnent des instructions particulières sur des sujets comme la maîtrise de la langue (Jc 3.1-12).

Nous avons aussi des responsabilités les uns envers les autres dans le cadre de *l'église*, qui est la nouvelle communauté de Dieu. Une grande part de l'enseignement moral des apôtres explique « comment il faut se conduire dans la maison de Dieu » (1 Tm 3.15). C'est là que s'appliquent les commandements du type « les uns les autres » dans le Nouveau Testament. Nous devons nous aimer les uns les autres, nous pardonner et nous tolérer les uns les autres, nous encourager et nous corriger les uns les autres, « exerce(r) l'hospitalité les uns envers les autres, sans murmurer » (1 P 4.9) et « (porter) les fardeaux les uns des autres » (Ga 6.2). Paul énonce encore toute une liste de devoirs en Éphésiens 4 et 5, nous demandant de renoncer à la duplicité, à la colère, à la malhonnêteté, aux propos méchants, à l'amertume, aux racontars et à l'impureté. Comme « nous sommes membres les uns des autres » (4.25), tout notre comportement doit traduire notre unité.

En tant que membres de *familles*, nous devons faire preuve d'un comportement moral à la maison. Paul aussi bien que Pierre soulignent les devoirs des maris et des femmes, des parents et des enfants, des maîtres et des esclaves (Ep 5.21 – 6.9 ; Col 3.18 – 4.1 ; 1 P 2.18 – 3.7). Ils se montrent très soucieux du foyer chrétien et des relations qui y ont cours, et ils donnent à cet égard des instructions très directes. Nous devons en faire autant, le mariage, la parentalité et le travail étant toujours une part essentielle de la vie et des préoccupations quotidiennes de presque tout le monde dans les assemblées chrétiennes. Les critères chrétiens différant fortement de ceux qui ont cours dans le monde non-chrétien, les chrétiens témoigneront dans leurs communautés en vivant ouvertement leurs croyances et leurs normes à eux.

En tant que *membres de communautés humaines et membres de l'espèce humaine*, nous avons aussi à nous intéresser aux questions importantes de notre monde contemporain. Par exemple, nous ne saurions confiner d'une manière simpliste l'enseignement du Sermon sur la Montagne au domaine de l'éthique individuelle. Il soulève des questions sur des sujets comme violence et non-violence dans la communauté qui ne peuvent être évacuées de notre pensée ni éliminées de la chaire. Il nous faut considérer comment l'enseignement de notre Seigneur sur l'amour des ennemis à la place de la vengeance (Mt 5.38-48) s'applique à nos réactions personnelles dans le monde violent où nous vivons. Qu'est-ce que cela implique par rapport à nos pays, à nos politiciens, à nos dirigeants, à nos législateurs, à notre police, à nos juges et ainsi de suite ? Il convient de relever que Paul distingue délibérément le devoir du chrétien individuel de ne rendre « à personne le mal pour le mal » du devoir de l'État de punir les malfaiteurs (Rm 12.17 – 13.5). Il nous prescrit de ne pas nous venger, non parce que la vengeance serait mauvaise mais parce qu'elle est la prérogative de Dieu, et non la nôtre.

Il y a quelques autres questions qui ne peuvent être esquivées dans notre prédication. Parmi elles, se trouve le comportement sexuel. Certains critères de moralité sexuelle sont clairement enseignés dans la Bible. On y apprend, par exemple, que la relation sexuelle a pour cadre exclusif le mariage hétérosexuel à vie (Gn 2.24 ; Mc 10.5-9 ; 1 Th 4.3-5). Qui plus est, le mariage ayant été établi lors de la création, ces normes divines s'appliquent à tout le monde, pas seulement aux croyants. Il est donc impossible de limiter à la congrégation l'enseignement fidèle de l'éthique sexuelle de la Bible ; nous avons à nous impliquer dans le débat public sur le mariage, le divorce, le remariage des personnes divorcées et les partenariats homosexuels.

Les chrétiens doivent débattre de ces questions jusqu'au bout et ils doivent utiliser la chaire pour le faire avec clarté et bravoure. Les prédicateurs ont le devoir d'exposer les critères divins et d'encourager leurs assemblées à les respecter. De plus, nous devons présenter ces critères aux non-chrétiens qui nous entourent. Nous devons prêcher et défendre l'Évangile, mais nous devons également enseigner et défendre l'éthique sexuelle biblique. Elle est essentielle pour la santé d'une société ; le fait de s'en abstraire est ruineux pour une nation et une communauté.[7]

Jésus s'est également beaucoup exprimé sur le danger d'aimer et de servir l'argent, sur le péché de convoitise, sur la folie du matérialisme et sur le devoir de générosité. Jacques fait figurer dans son épître une très dure condamnation des riches qui s'accrochent à leurs richesses, qui ne payent pas leurs ouvriers et qui vivent dans un luxe égoïste (Jc 5.1-6). Comme Jean et Paul, il insiste pour dire que les chrétiens qui ont de grands biens doivent partager avec les pauvres afin de s'assurer qu'ils ont le nécessaire pour vivre (Jc 2.14-18 ; 1 Jn 3.17, 18 ; 2 Co 8.1-15). Il y a de très nombreuses personnes démunies dans notre monde aujourd'hui. L'immense fossé économique entre riches et pauvres doit être une préoccupation pour les chrétiens. Dieu se soucie de l'unité de

---

7. Pour prolonger ces sujets, voir John Stott, *Major Issues for a New Century : vol. 1 : Human Rights and Human Wrongs ; vol. 2 : Our Social and Sexual Revolution*, Grand Rapids, Baker, 1999. Voir également, John Stott, *Le chrétien et les défis de la vie moderne*, Sator, 1989.

l'espèce humaine, du gaspillage des richesses de la terre et de l'injustice de l'inégalité.

Dès lors que nous commençons à débattre de ces questions, nous investissons le champ du politique. Il ne suffit pas de se contenter d'alléger la souffrance. Il faut encore se confronter aux problèmes de l'injustice, de la pauvreté, de la faim, de l'ignorance et de la maladie ; à la pollution de l'environnement ; à la dilapidation des ressources naturelles ; à l'avortement, à l'euthanasie compassionnelle et à la peine de mort ; à la technologie inhumaine, à la bureaucratie et au chômage ; au nationalisme et au tribalisme ; à la violence et à la révolution ; à la course aux armements, à la prolifération nucléaire, à la menace de guerre bactériologique et au terrorisme ; à la montée de la criminalité et à notre responsabilité envers les criminels ; au racisme. La liste paraît quasiment interminable. Comment peut-on évacuer de tels sujets de la chaire ? Si c'est ce que nous faisons afin de nous concentrer sur des sujets spirituels, nous laissons à penser que Dieu ne s'intéresse qu'aux sujets spirituels et non au bien-être de sa création. Se comporter ainsi, c'est instaurer un divorce entre la foi chrétienne et la vie chrétienne. On se rendrait ainsi coupable d'inciter les chrétiens à se retirer du monde réel, et on justifierait la célèbre critique de Marx selon laquelle la religion est l'opium du peuple destinée à le faire consentir au *statu quo*.

Je ne suis pas en train de dire que nous avons à faire la promotion de programmes politiques précis depuis la chaire. En fait, il est de la responsabilité du prédicateur de poser des principes bibliques afin que chacun puisse développer des valeurs chrétiennes. Les gens qui, dans l'assemblée, sont des leaders d'opinion ou qui sont aux commandes doivent trouver inspiration et encouragement pour appliquer ces principes partout où ils exercent de l'influence. Notre tâche est d'aider les chrétiens à développer un état d'esprit chrétien, à les conduire vers la maturité. Il faut encourager nos auditeurs à être le sel de la terre, empêchant ainsi le délabrement social. Il faut les inciter fortement à répandre la lumière de l'amour, de la paix et de la justice du Christ, et à contribuer ainsi à façonner une société qui plaira davantage au Dieu de la compassion et de la justice.

La chaire a toujours une incidence politique, quand bien même rien n'y est jamais dit qui ait un rapport lointain avec la politique. Le silence d'un prédicateur laisse entendre qu'il soutient ce qui se passe dans la société. Au lieu de contribuer à changer la société et de la rendre plus agréable à Dieu, la chaire se réduit alors au rôle de miroir de la société, et l'église se conforme au monde. La chaire ne saurait être neutre. Notre tâche consiste à ne pas fuir les enjeux, à ne pas fournir des réponses rapides et faciles. Nous avons besoin de sagesse pour aller au-delà de ce qui est consigné dans l'Écriture et pour parler avec prudence quand l'Écriture n'est pas claire. Cela dit, l'humilité et la sagesse ne doivent pas nous empêcher de débattre des questions urgentes auxquelles notre monde est aujourd'hui confronté.

4

L'EXHORTATION À L'ÉTUDE

Si nous avons l'intention de construire des ponts et de mettre en lien la parole de Dieu et les grands thèmes de la vie ainsi que les questions importantes d'aujourd'hui, c'est à la fois la Bible et le monde actuel qu'il nous faut prendre au sérieux. Se mettre en retrait du monde pour se réfugier dans la Bible (la fuite) ou bien se mettre en retrait de la Bible pour se réfugier dans le monde (le conformisme), ce serait la mort de notre prédication. Notre responsabilité consiste à explorer le paysage des deux côtés du ravin jusqu'à ce que nous soyons familiarisés avec le territoire. Alors seulement nous verrons les rapports qui peuvent exister entre les deux. Alors seulement nous serons capables de dire la parole de Dieu dans notre situation d'humains avec autorité, sagesse, sensibilité et pertinence.

Cette exploration ne va pas sans l'étude. Les meilleurs enseignants restent étudiants toute leur vie. Spurgeon l'a bien dit : « Celui qui a cessé d'apprendre a cessé d'enseigner. Celui qui ne sème plus dans l'étude ne moissonnera pas à la chaire. »[1] Billy Graham a cité un prédicateur qui disait : « Si je n'avais que trois ans pour servir le Seigneur, j'en consacrerais deux en étude et en préparation. » Sans l'étude, notre haleine est chargée et nos doigts malhabiles ; avec l'étude, nos sermons seront « comme le jaillissement d'une fontaine et non comme le pompage d'une pompe ».[2] La fraîcheur et le pétillement proviennent de l'étude.

---

1. Spurgeon, *All-Round Ministry*, p.236.
2. Phillips Brooks, *The Joy of Preaching*, 1977, avec le titre *Lectures on Preaching*, réimpr. Grand Rapids, Kregel, 1989, p.159-160.

L'étude de la Bible

Étant donné que, en qualité de pasteurs, nous sommes principalement appelés à prêcher la parole, l'étude de l'Écriture est une de nos plus grandes responsabilités. Ce n'est qu'après l'avoir absorbée que nous pouvons la proclamer avec confiance. Dieu parlait à Samuel lorsque celui-ci écoutait ; ensuite, lorsque Samuel parlait à Israël, Israël l'écoutait (1 S 3.19 – 4.1). Avant qu'Ézéchiel soit en mesure de dire la parole de Dieu aux autres, il a fallu que lui-même l'avale et la digère (Ez 3.1).

Plus nous attachons de prix à la Bible, plus l'étude que nous en faisons doit être soigneuse et consciencieuse, car il faut du temps et de la concentration pour s'assurer que le texte ouvre l'accès à ses trésors. Notre étude doit être *intégrale*. Se contenter de faire trempette dans les Écritures, ce n'est pas suffisant. Nous ne devons pas non plus nous limiter à nos passages préférés ni nous concentrer sur l'examen au microscope de quelques passages-clés. Une telle utilisation de l'Écriture fait le jeu du diable. Toute hérésie et toute fausse doctrine proviennent de la montée en épingle d'une vérité, sans laisser d'autres vérités la rééquilibrer. Bien au contraire, nous devons étudier une grande diversité de passages avant de tirer des conclusions générales. De la sorte, nous pouvons nous assurer que notre théologie est solide et biblique et que les grands thèmes de l'Écriture deviennent clairs. Puis, par la suite, nous verrons ces thèmes dans les passages isolés. Ainsi la connaissance des parties nous aide à avoir la vision d'ensemble, et la vision d'ensemble nous aide à voir ce qu'il y a dans chaque partie.

Comment peut-on arriver à connaître toute la Bible intégralement ? Un bon point de départ serait le recours au calendrier de lecture biblique de McCheyne, produit en 1842 et reproduit à l'Appendice 2 de ce livre. Ce tableau permet à chacun de lire la Bible en entier tous les ans, l'Ancien Testament une fois et le Nouveau Testament deux fois. Il y a quatre chapitres à lire tous les jours, deux le matin et deux le soir. Ce qui est particulièrement utile, c'est la façon dont McCheyne répartit les chapitres. On commence le 1er janvier avec les quatre grands commencements de l'Écriture : Genèse 1 (la naissance de la création), Esdras 1 (la renaissance de la nation), Matthieu 1 (la naissance du Christ) et Actes 1 (la naissance de l'Église). De cette manière, on suit les lignes parallèles du déroulement du projet de Dieu.[3] Ce plan de lecture apporte une méthode extrêmement appréciable pour survoler le paysage de l'Écriture et pour saisir ses thèmes sous-jacents et récurrents.

Notre étude de la Bible doit également être *humble*. Nous devons sincèrement désirer entendre la parole de Dieu et lui obéir, sans en tordre le sens ni en esquiver les côtés dérangeants. Comment est-ce possible ? Comment moi, qui ai été élevé dans telle culture, puis-je prendre un texte biblique particulier qui a été donné dans une culture ancienne, et l'interpréter sans en déformer le message ? Comment traiter cette distance culturelle ?

Pour commencer, nous devons nous servir de nos connaissances et de notre imagination pour nous transporter autrefois dans la situation de l'auteur biblique ; penser ce qu'il pensait, et ressentir ce qu'il ressentait. Notre responsabilité n'est pas d'adapter ses conceptions aux nôtres, en lisant nos opinions dans ce qu'il a écrit, mais d'adapter nos conceptions aux siennes en nous efforçant de pénétrer dans son cœur et dans son intelligence. Pour cela, il nous faut un peu plus que de l'imagination pour nous mettre dans sa situation ; il nous en faut aussi pour nous mettre dans la nôtre. Nous ne venons pas au texte biblique comme des enquêteurs innocents, objectifs, impartiaux et libres de toute culture. Absolument pas ! Les lunettes correctrices avec lesquelles nous regardons la Bible ont des verres culturels. Et la mentalité avec laquelle nous élaborons notre pensée sur la Bible, aussi ouverte soit-elle, n'est nullement vide ! Au contraire, elle est remplie de préjugés culturels. Il faut en être conscient, même s'il nous est irrémédiablement impossible de nous en affranchir. Nous devons prier résolument pour ne pas aller instiller dans la Bible les points de vue et les philosophies du monde, tels que l'humanisme, le marxisme et le capitalisme.

Les questions que nous apportons devant la Bible et les réponses que nous espérons obtenir sont les unes et les autres façonnées par l'arrière-plan culturel de chacun d'entre nous. « Ce qui va être reçu en retour, toutefois, ce ne sera pas seulement des réponses, mais des questions supplémentaires… Nous découvrons que nos présupposés culturellement conditionnés sont remis en cause et que nos questions sont corrigées. En fait, nous sommes obligés de reformuler nos questions précédentes et

---

3. Deux livres associés, écrits par D. A. Carson, aident le lecteur en insistant sur deux importantes leçons données par les différents chapitres : *For the Love of God : A Daily Companion for Discovering the Riches of God's Word*, 2 vol, Wheaton, Crossway, 2006.

d'en poser de nouvelles. »[4] Nous devons avoir l'esprit assez ouvert pour prendre le risque d'entendre ce que nous n'avons pas envie d'entendre. Nous devons être disposés à laisser Dieu décider de ce qu'il veut nous dire, même si cela doit nous mettre mal à l'aise. Nous devons faire tomber les barrières culturelles et nous efforcer d'ouvrir notre cœur et notre intelligence pour l'écouter, quoi qu'il ait à nous dire.

Troisièmement : nous devons étudier la Bible *en nous attendant à des résultats positifs*. Malheureusement, cette attente peut être bloquée par le défaitisme. L'interprétation de l'Écriture peut apparaître si compliquée que nous désespérons de parvenir à une compréhension authentique et équilibrée de la parole de Dieu. Mais l'Écriture est destinée à des gens ordinaires comme nous. Allez voir 1 Corinthiens et toute la profondeur de son enseignement sur la doctrine, la morale et la discipline ecclésiastique. Elle a été écrite à une communauté à qui Paul s'adresse en ces termes : « On ne trouve parmi vous que peu de sages selon les critères humains » (1 Co 1.26, Semeur). Soyons patients ! Dieu nous rendra capables de comprendre la Bible si nous l'étudions fidèlement.

La morosité spirituelle bloque elle aussi notre attente de résultats. Cela peut constituer un problème important pour tous les pasteurs. Si nous lisons toute la Bible chaque année, au bout de quelques années nous avons l'impression de la connaître plutôt bien. Nous pouvons aborder notre lecture quotidienne sans nous attendre très ardemment à ce que Dieu nous parle à travers cette lecture. Néanmoins, nous devrions espérer avec confiance que Dieu a « encore de la vérité et encore de la lumière à faire jaillir de sa sainte parole ».[5] Il nous faut demander à Dieu de réveiller nos oreilles comme il l'a fait pour Ésaïe (50.4). Il nous faut dire, comme Samuel : « Parle car ton serviteur écoute » (1 S 3.10). Il nous faut « appeler l'intelligence » et « élever notre cœur vers la raison », la rechercher « comme l'argent... comme des trésors ». Alors nous comprendrons et nous « trouverons la connaissance de Dieu » (cf. Pr 2.3-5). Il nous faut persévérer. Comme Jacob, nous devons nous cramponner à Dieu et refuser de le laisser partir avant qu'il ne nous ait bénis (Gn 32.26). Dieu honore l'état d'esprit de celui qui s'attend à lui avec ardeur et détermination. Il promet de combler de bonnes choses

---

4. *The Willowbank Report on Gospel and Culture*, Lausanne Occasional Paper n° 2, 1978. Disponible sur www.lausanne.org/all-documents/lop-2.html.

5. On attribue ces mots à John Robinson, le pasteur de l'église de Hollande à partir de laquelle les *Pilgrim Fathers* se sont embarqués sur le Mayflower en 1620.

celui qui a faim ; ce n'est que les riches qu'il renvoie les mains vides (Lc 1.53). Il ne faut donc pas céder à la morosité spirituelle comme si elle était normale ou tolérable. Il faut prier pour que le Saint-Esprit rallume en nous les feux de l'attente.

Certes, la Bible elle-même est toujours notre livre de référence, mais il faut aussi profiter de toutes les aides disponibles à la compréhension. L'étendue de nos lectures dépendra de la quantité de bons livres disponibles, du temps dont nous disposons et de l'intérêt ou du besoin que nous éprouvons.

Nous serons fort avisés de lire aussi bien des livres anciens que des livres récents, en particulier les classiques chrétiens qui ont fait leurs preuves au fil des ans. Plusieurs d'entre eux sont fréquemment inclus dans les logiciels bibliques, ou bien ils sont accessibles en version intégrale sur Internet. Ces livres ont souvent davantage de valeur que des ouvrages populaires récents, même s'il importe d'être capable de guider notre assemblée vers des écrits modernes aussi. Une certaine connaissance de la théologie historique nous donnera également un arrière-plan à partir duquel on peut évaluer les dernières tendances doctrinales. Peu de vérités ou d'hérésies sont neuves ; la plupart ne sont que de vieilles notions reformulées d'une manière nouvelle. La lecture de biographies peut également apporter équilibre, sagesse et encouragement en ce qu'elles nous montrent comment Dieu s'est occupé de chrétiens d'autres temps et d'autres lieux. Avec toutes ces lectures, notre objectif ne doit pas tant viser à accumuler des connaissances qu'à faire travailler notre esprit chrétien.

Les livres coûtent cher. S'il existe une bonne bibliothèque publique à proximité, il faut s'en servir. Vérifiez si elle dispose d'un système de prêt en réseau, ce qui vous permettra de commander pratiquement n'importe quel livre de votre choix. Lisez des articles et des chroniques sur Internet, en prenant soin de vérifier la fiabilité des sources. Les livres électroniques sont déjà une bénédiction pour certains, et ils vont devenir de plus en plus accessibles. Dans l'idéal, l'église locale devrait mettre sur pied une petite bibliothèque de prêt et de référence. Les pasteurs peuvent aussi se prêter des livres entre eux ainsi qu'à leurs paroissiens. Concentrez-vous sur le rassemblement de livres de références essentielles, en particulier les dictionnaires et les commentaires auxquels vous vous référerez constamment. C'est encore mieux s'ils sont écrits pour votre culture, comme le *Commentaire Biblique Contemporain* écrit par 70 théologiens africains.[6]

Nous devons également tirer le meilleur parti des rassemblements pastoraux et des clubs de prédicateurs où il est possible de s'encourager mutuellement à l'étude. Le plus célèbre d'entre eux fut lancé en 1783 par John Newton, l'ancien négrier devenu pasteur. Après avoir bu le thé et avoir prié, le groupe débattait « pendant environ trois heures sur un sujet donné ». Newton disait que le groupe aurait dû s'appeler la Société Royale car tous étaient membres de la famille royale de Dieu : « le Roi en personne condescend à se réunir avec nous ».[7] Dans le monde entier, des groupes de ce genre continuent de se réunir pour partager ce qu'ils ont appris de l'Écriture et pour s'entraider à devenir de meilleurs prédicateurs.

Le monde contemporain

Cependant, à elles seules les études bibliques et théologiques ne suffisent pas à devenir bon prédicateur. Elles donnent des fondements essentiels, mais tant qu'on n'a pas aussi étudié les sociétés contemporaines on peut rester isolé sur un côté du ravin, ce qui est désastreux. Notre étude du monde contemporain commence par les personnes et non par les livres. Les meilleurs prédicateurs sont toujours des pasteurs attentifs, qui connaissent leur congrégation et les gens de leur secteur. Ces pasteurs comprennent la vie avec ses joies et ses souffrances, avec ses moments magnifiques et ses tragédies. La voie la plus rapide pour accéder à cette compréhension consiste à savoir se taire (c'est très dur pour certains d'entre nous, les prédicateurs !) et à ouvrir les yeux et les oreilles. On a dit que si Dieu nous donne deux oreilles et deux yeux mais seulement une bouche, c'est qu'à l'évidence il veut nous voir écouter et regarder deux fois plus que parler !

---

6. Éditions Farel, 2008. Voir aussi en langue anglaise : *The South Asia Bible Commentary*, *The Latin America Bible Commentary* et *The Arabic Bible Commentary* (tous en préparation).

7. Michael Hennel, *John Venn and the Clapham Sect*, Lutherworth, 1958, p.84. En 1955, à la suite du constat sur le besoin qu'avait notre génération de « relations religieuses mutuelles… et de recherche sur la vérité spirituelle », une invitation fut lancée depuis All Souls Church, à Langham Place, à vingt-deux jeunes ministres évangéliques pour refonder cette société. En 1966, elle comptait plus de 1 000 membres répartis sur dix-sept groupes.

Il faut que nous posions des questions aux autres et que nous les fassions s'exprimer. Il convient que nous en sachions davantage qu'eux sur la Bible, mais il y a des chances pour qu'ils en sachent davantage que nous sur le monde. C'est pourquoi il sera bon de les encourager à nous parler de leur foyer et de leur vie de famille, de leur travail, de leurs compétences et de leurs centres d'intérêt. Nous devons aussi entendre ce qu'ils pensent. En quoi leur foi chrétienne les motive-t-elle ? Quels sont les problèmes qui les empêchent de croire ou d'appliquer leur foi à leur vie ? Plus leurs arrière-plans seront variés, plus on aura à apprendre. Écoutons les différentes générations. Écoutons les différentes cultures. Cette humble écoute est essentielle. Notre connaissance de la Bible et la connaissance que les autres ont du monde se combinent pour construire des ponts et nous assurer que notre prédication est pertinente.

Outre cela, il est bon de lire un journal ou un magazine d'information, de nous tenir sérieusement au courant des bulletins de nouvelles sur Internet ou à la radio, de regarder un peu la télévision et, là où c'est possible, de découvrir quels sont les livres qui influencent le plus nos auditeurs afin de les lire nous aussi. Il peut également être utile de voir certains films ou certaines pièces qui reflètent le mieux notre société.

Cela dit, l'enseignement de Jésus sur les occasions de chute qui sont l'œil, le pied ou la main continue d'être valable (Mt 5.29-30). Il est donc tout à fait indiqué de se renseigner soigneusement avant de lire tel livre ou de regarder telle pièce ou tel film. Dans les cas où l'esprit de l'antichrist est dangereusement subtil, il peut être secourable d'être accompagné d'un groupe d'amis qui faciliteront le maintien d'un certain détachement afin d'éviter d'être happé par l'ambiance.

Même si nous nous estimons assez forts pour résister à la pollution, nous devons prendre en considération la conscience faible de tel frère ou de telle sœur et ne pas les amener à trébucher. Si, en conséquence, il y en a certains dans notre congrégation qui s'offusqueraient du fait que nous allions au théâtre ou au cinéma, il nous appartient d'éduquer ou de « fortifier » leur conscience en leur enseignant patiemment la saine doctrine. Il doit être bien clair que nous ne sommes pas en train de collaborer avec l'esprit du siècle mais que nous nous efforçons de le comprendre de sorte que notre prédication soit adaptée.

Lecture et groupes de partage

Que pouvons-nous faire d'autre pour accroître notre compréhension du monde contemporain ? Je peux me porter garant de l'apport immense que j'ai reçu au fil des ans de la part d'un petit groupe d'environ une dizaine de jeunes diplômés, de professionnels et d'étudiants ayant dépassé le troisième cycle. Au cours de chaque réunion, nous décidions de ce que nous aurions à lire avant la prochaine rencontre. Nous passions ensuite une soirée ensemble, échangeant nos réactions sur le livre, débattant sur son message et sur ses implications, et essayant d'élaborer une réponse chrétienne. Certains des livres choisis étaient écrits dans une perspective chrétienne, mais nous nous concentrions sur les livres non-religieux parce que l'objectif principal de ce groupe était de nous aider à saisir la mentalité non-chrétienne.

C'est cette approche que je recommande. Dans presque chaque congrégation, il y a certainement quelques personnes réfléchies qui pourraient se réunir avec leur pasteur de temps à autre afin de discuter de la relation entre l'Église et le monde, entre la mentalité chrétienne et la mentalité non-chrétienne, entre Jésus-Christ et ses rivaux. Des groupes-ressources d'experts sur des sujets de préoccupation sont également d'une valeur inestimable pour un pasteur bien occupé.

L'étude dans la pratique

Nous avons à étudier à la fois le texte antique et le contexte présent, à la fois l'Écriture et la culture, à la fois la Parole et le monde. C'est une tâche énorme, qui exige toute une vie d'étude. Comment peut-on y parvenir ? Dans le passé, les ecclésiastiques y parvenaient en évitant de se laisser détourner par d'autres obligations. Joseph Parker, le premier pasteur de City Temple à Londres, démarrait son étude à sept heures et demie tous les matins et refusait de s'impliquer dans la vie ou les affaires publiques. « J'ai vécu pour mon travail, expliquait-il. Voilà tout. Si j'avais passé ma semaine à discuter, je n'aurais pas pu prêcher le dimanche. Voilà tout. Si j'avais assisté à des réunions de comités, si je m'étais immergé dans la politique... mes forces s'y seraient consumées. Voilà tout. »[8] Campbell

---

8. Warren Wiersbe, *Walking with the Giants : A Minister's Guide to Good Reading and*

Morgan, qui n'avait aucune formation théologique ni aucun diplôme universitaire, était à son bureau tous les matins à six heures.[9] Il est bon de commencer tôt, mais avec les tâches quotidiennes et les responsabilités familiales, peut-être vivons-nous dans un monde très différent.

Au lieu de laisser tomber l'étude du fait que l'idéal est impossible, mieux vaut simplement se fixer des objectifs plus réalistes. J'en suis venu à constater la valeur de plusieurs courtes périodes d'étude. Je doute qu'un pasteur soit occupé au point de ne pas pouvoir se ménager une heure par jour pour lire, en plus du temps de préparation de son sermon, de son étude personnelle de la Bible et de la prière. La plupart trouveront aussi la possibilité de mettre à part une période de quatre heures par semaine pour une étude plus prolongée. Cela requiert la discipline de bloquer ces heures dans son calendrier hebdomadaire et de refuser qu'on y fasse intrusion, si ce n'est pour une urgence. Il faut enseigner aux congrégations la valeur essentielle de ce temps et elles le respecteront si elles en voient les fruits.

J'ai également découvert l'immense profit qu'on tire d'une journée tranquille tous les mois. Je suis devenu Recteur de All Souls Church à l'âge de 29 ans, beaucoup trop jeune et inexpérimenté pour une telle responsabilité. J'ai commencé à vivre au jour le jour. Tout s'empilait et me submergeait, et je me sentais écrasé par la lourdeur de la charge administrative. Je me suis mis à faire le cauchemar typique du pasteur : rêver que j'étais en train de monter en chaire et me rendre compte que j'avais oublié de préparer un sermon ! Puis j'ai entendu le Révérend L. F. E. Wilkinson s'exprimer lors d'un congrès de pasteurs : « Prenez une journée de tranquillité par mois, disait-il. Partez à la campagne, si vous le pouvez, là où vous serez sûr de ne pas être dérangé. Prenez du recul, regardez en avant, et réfléchissez où vous allez. Autorisez-vous à vous laisser interpeller par la pensée et la perspective de Dieu. Essayez de voir les choses comme lui les voit. Détendez-vous ! » C'est ce que j'ai fait. Je suis rentré chez moi, et j'ai immédiatement coché un jour par mois dans mon agenda avec la lettre T pour Tranquille. À mesure que je profitais de ces journées, le fardeau insupportable s'allégeait et il n'est jamais revenu. En réalité, ces journées se sont avérées si appréciables que, pendant des années, j'ai tenté de m'en préserver une par semaine.

Great Preaching. Grand Rapids, Baker, 1976, p.56.
9. Wiersbe, *op.cit.* p.133.

Je m'en sers pour ces rubriques qui nécessitent de prendre son temps et cela sans interruption : organisation à long terme, problèmes à traiter dans la réflexion et la prière, courrier délicat, préparation, lecture et écriture. Ces journées de tranquillité ont été d'une immense bénédiction pour ma vie et mon ministère.

Toute église devrait également libérer son pasteur pour une retraite personnelle d'au moins une semaine par an, quitte à la fragmenter en morceaux plus petits de deux ou trois jours. Les pasteurs auront à utiliser ce temps au mieux, mais le bénéfice pour la congrégation en termes de profondeur et de qualité de leur enseignement ne tardera pas à se manifester. Même les vacances en famille peuvent procurer du temps pour lire, réfléchir et discuter.

Ce que je viens de proposer me semble être un minimum vital de temps pour l'étude et la lecture en général. Même les pasteurs les plus occupés devraient y arriver ; beaucoup feront mieux encore. Mais le minimum devient beaucoup : une heure par jour ; une séance de quatre heures par semaine ; un jour complet tous les mois ; une semaine par an. Cela semble bien peu. Et il est vrai que c'est trop peu ! Cependant, quiconque s'y essaye sera surpris de découvrir quelle somme de lecture peut être faite dans ce cadre discipliné. Cela se monte à presque 600 heures par an.

Quelles que soient les habitudes que nous développions pour l'étude, il est évident qu'il faut rassembler les fruits de cette étude. « Un prédicateur doit être comme un écureuil et il doit apprendre à ramasser et à stocker de la matière pour les jours où viendra l'hiver. »[10] Tous ceux qui lisent des livres élaborent leur méthode personnelle de marquage, de soulignage ou de prise de notes. En vieillissant, il devient essentiel de recourir à des aide-mémoire. J'ai trouvé très utile, alors que le thème d'un livre important est encore frais dans ma mémoire, de faire un bref résumé de son développement. Chaque fois que je finis un livre, j'essaye également d'en recopier quelques-unes des citations marquantes. Je les classe sur des cartes à double perforation, de façon à les conserver dans un meuble de classement ou à les mettre dans un classeur à feuilles volantes. Je conserve deux dossiers : l'un qui va de Genèse à Apocalypse, et l'autre qui va de A à Z, et je range chaque carte là où j'ai le plus de chances de la retrouver, ou en tous cas le moins de chances de la perdre !

---

10. Lloyd Jones, *Preaching*, p.173.

Ce système m'a été bien utile car il est simple et souple. Je constate que j'arrive à faire tenir les notes d'un sermon moyen sur quatre cartes, et je peux ensuite ajouter d'autres cartes contenant des citations ou des illustrations appropriées. Si je devais recommencer mon ministère, j'adopterais le même système.

Pour ceux qui utilisent l'ordinateur, divers systèmes de classement électronique sont disponibles pour organiser ces matériaux. Certains citations et illustrations peuvent même être téléchargées directement sur Internet ou à partir d'autres sources électroniques dans le système personnel.

Obstacles à l'étude

Certains pasteurs diront que, surchargés de travail et manquant de personnel, ils n'ont pas le temps d'étudier. Presque toujours, ce qui se cache derrière cet argument est une fausse conception du travail de pasteur. Si le pasteur tient toutes les rênes et n'a aucune notion du partage des responsabilités avec les dirigeants laïcs, alors évidemment il ne reste plus de temps pour l'étude. Mais le Nouveau Testament décrit l'Église comme le corps du Christ, dans lequel chaque membre s'est vu attribuer des dons. Les pasteurs qui ont saisi cette idée seront continuellement à l'affût des dons que Dieu a donnés afin d'encourager les gens à les reconnaître, à les cultiver et à les exercer. « Puisque chacun a reçu un don mettez–le au service des autres en bons intendants de la grâce si diverse de Dieu. » (1 P 4.10). Comme les apôtres, les pasteurs sont appelés à persévérer « dans la prière et dans le service de la Parole » (Ac 6.4). Nous ne devons pas permettre qu'une chose, fût-elle excellente, vienne nous détourner de ces tâches. Il est tragique de voir que beaucoup de personnes consciencieuses commettent l'erreur que les apôtres évitaient. On ne saurait mettre en doute leur consécration, leur enthousiasme ou leur engagement, mais le corps du Christ ne grandit pas en maturité de cette façon.

Qu'est-ce encore qui nous détourne de l'étude ? La distraction. À mesure que les ordinateurs et les téléphones portables deviennent nos compagnons de chaque instant, nous leur permettons trop souvent de prendre sur le temps qui devrait être mis à part pour la méditation et la contemplation. Nous pouvons être distraits par les appels téléphoniques qui arrivent, par les SMS et les courriels, ou simplement par les possibilités illimitées que nous offre Internet. Sur Internet rôdent également les tentations, avec la pornographie à portée d'un clic de souris. Nous devons avoir la discipline de débrancher ces appareils si nous voulons avoir du temps seul avec Dieu.

Enfin, l'obstacle suprême à l'étude, c'est, pour être franc, la paresse. Est-ce Ralph Waldo Emerson qui a dit que les gens sont paresseux dans la mesure où ils se permettent de l'être ? Cela est vrai. Et nous, les pasteurs, nous pouvons être aussi coupables que les autres parce qu'en général notre travail n'est supervisé par personne. Nous avons peu de tâches définies et aucun moment programmé pour les faire, et on nous laisse organiser tout seuls notre emploi du temps. Il nous est donc possible de laisser s'effriter nos journées jusqu'à ce que nos vies sombrent dans l'indiscipline et que notre paresse devienne douloureusement manifeste aux autres.

Mais si nous observons les grands hommes et les grandes femmes de Dieu, nous constaterons que leurs vies étaient disciplinées, faisant une bonne place à la prière et à l'étude. C'est pourquoi il nous faut constamment nous repentir et renouveler notre détermination à discipliner nos existences et nos emplois du temps. Seule une vision toujours neuve du Christ et de la mission qu'il nous donne peut nous faire échapper à l'indolence et maintenir nos priorités dans le droit chemin. Alors nous prendrons du temps pour lire et réfléchir, et notre prédication sera fraîche, fidèle et pertinente, tout en restant suffisamment simple pour rester accessible aux autres.

5

LA PRÉPARATION D'UN SERMON

Un jeune prédicateur paresseux décida un jour de ne plus s'embêter à préparer ses sermons. Il était intelligent et il s'exprimait bien, et son auditoire était constitué de gens simples. Aussi se débrouillait-il plutôt bien avec ses sermons non préparés. Pour apaiser sa conscience, il fit le vœu de toujours prêcher sans préparation, en plaçant sa confiance dans le Saint-Esprit. Tout se passa bien jusqu'à ce qu'un jour, quelques minutes avant le début du culte, on vît apparaître dans l'église rien moins que l'évêque, qui profitait d'un dimanche de libre. Le pasteur était bien ennuyé. Il avait réussi à tromper son assemblée peu instruite, mais il était beaucoup moins sûr d'arriver à tromper l'évêque. Alors, il s'avança pour souhaiter la bienvenue à son visiteur inattendu et, pour essayer de s'assurer que l'évêque ne serait pas trop sévère, il lui parla du vœu qu'il avait fait. L'évêque parut comprendre, et le culte commença. Au milieu du sermon, cependant, l'évêque se leva et sortit. Après le culte, une note manuscrite de l'évêque attendait le prédicateur sur son bureau : « Je vous relève de votre vœu ! »

Le péché d'un autre ecclésiastique n'était pas la paresse mais l'orgueil. Il se vantait de pouvoir préparer son sermon dominical dans les quelques minutes qu'il lui fallait pour venir à l'église à pied depuis son presbytère qui était juste à côté. Que firent les anciens de son conseil d'église ? Ils lui achetèrent un nouveau presbytère à huit kilomètres de là !

Il y avait encore un autre prédicateur qui ne préparait pas ses sermons, mais qui n'était coupable ni de paresse ni d'orgueil. Son problème, c'était l'hyper-spiritualité. Il plaçait sa confiance dans le Saint-Esprit et, quand ses amis le mettaient en cause, il leur citait les paroles de Jésus : « ne vous inquiétez ni de la manière dont vous parlerez ni de ce que vous direz ; ce que vous direz vous sera donné à ce moment même ; car ce n'est pas vous qui parlerez, c'est l'Esprit de votre Père qui parlera en vous » (Mt 10.19-20). Malheureusement, il avait oublié de lire les versets précédents qui commencent par : « quand on vous livrera ». Le Christ n'évoquait pas la prise de parole dans une église mais dans un tribunal. Dans une telle situation, on peut ne pas avoir le temps de préparer sa défense. C'est là que le Saint-Esprit nous donnera les paroles à dire. La promesse de Jésus a apporté un grand réconfort à des prisonniers privés d'un avocat pour les défendre ; elle ne réconforte nullement les prédicateurs qui sont trop paresseux, trop orgueilleux ou trop spirituels pour préparer leurs prédications.

Les bons prédicateurs préparent consciencieusement. Ils étudient le texte, tentent de l'expliquer clairement, recherchent des exemples et les appliquent à la situation de leurs auditeurs. Il se peut que leurs sermons donnent une impression d'aisance ; pourtant, derrière chacun d'entre eux, il y a toute une vie de discipline et de dur labeur.

Alors, comment se préparer ? Il n'y a pas de réponse unique, car il n'y a pas de façon unique de préparer une prédication. Chaque prédicateur a à élaborer une méthode qui convient à sa personnalité et à sa situation. C'est une erreur de copier les autres sans discernement. Néanmoins, nous pouvons apprendre les uns des autres. Voici donc mon approche des diverses étapes qui marquent la préparation d'un sermon.

Le choix d'un texte

Comment décide-t-on du texte sur lequel on va prêcher ? Si nous étudions la Bible régulièrement et si nous conservons des notes de notre étude, notre mémoire deviendra comme un garde-manger bien pourvu avec des textes bibliques bien rangés, qui attendent d'être prêchés. Quatre éléments nous aideront à choisir parmi eux.

Le premier, c'est la *liturgie*. Certaines églises suivent un calendrier qui gravite autour des trois grandes fêtes chrétiennes : l'Avent, Pâques et la Pentecôte. Des lectures toutes prêtes sont utilisées pour préparer les auditeurs à ces fêtes, pour redire les événements et en considérer les implications. Chaque année, le calendrier répète l'histoire de la révélation biblique. Il rappelle à l'église comment Dieu s'est progressivement révélé en tant que Créateur et Père, en tant que Fils de Dieu fait chair, et ensuite dans la personne et l'œuvre du Saint-Esprit. Étant donné que les lectures prévues sont adaptées, le prédicateur peut quelquefois, voire souvent, choisir son texte à partir de là. Toutefois, il n'est pas nécessaire de s'y conformer servilement. Ces lectures ne sont que des indicateurs du thème du jour et elles peuvent être utiles même à ceux dont les églises ne suivent pas le calendrier. Comme le dit James Stewart :

> Les grands repères de l'année chrétienne : l'Avent, Noël, le Carême, le Vendredi Saint, Pâques, la Pentecôte, la Trinité fixent notre trajectoire et suggèrent nos thèmes de base. Ils nous obligent à demeurer proches des doctrines fondamentales de la foi. Ils viennent nous ramener hors des chemins de traverse où nous sommes enclins à nous attarder, vers la grand-route de la rédemption. Ils garantissent que dans notre prédication nous reviendrons constamment à ces puissantes interventions de Dieu dont la proclamation est la raison d'être de l'Église.[1]

Deuxièmement : il nous faut prendre en considération *les événements extérieurs*, qu'il s'agisse d'un événement national (par exemple une élection ou un scandale), d'un débat public (par exemple, la peine de mort, le chômage, le divorce), une catastrophe naturelle (par exemple une inondation, une famine ou un séisme) ou autre catastrophe (par exemple un accident d'avion ou de train). Quand les gens viennent à l'église, ils ne peuvent pas faire l'impasse sur des sujets de cette nature. Ils apportent ces inquiétudes avec eux au culte et ils demandent : « Le Seigneur a-t-il quelque chose à dire ? » et : « Comment un chrétien peut-il réagir à de telles choses ? » Les prédicateurs doivent être sensibles aux grandes questions d'ordre public qui sont dans la tête des gens.

Troisièmement : il y a le facteur *pastoral* : tel besoin que nous remarquons dans le cheminement spirituel de notre assemblée. On dit à juste titre que les meilleurs prédicateurs sont toujours de bons pasteurs, car c'est ainsi qu'ils connaissent les besoins, les problèmes, les doutes, les craintes et les espoirs de leurs gens. Il est indiqué de demander à la congrégation quelle partie de l'Écriture elle est encline à comprendre le mieux, et quelles questions de la vie courante elle aimerait voir clarifiées par les Écritures. Les dirigeants laïcs et les responsables des divers ministères de l'église doivent être encouragés à proposer des sujets ou des séries de sermons. Il existe de nombreuses possibilités de thèmes :

---

1. James S. Stewart, *Heralds of God*, Londres, Hodder & Stoughton, 1946, p.111.

des cours de doctrine (par ex. le caractère de Dieu), des séries pratiques (par ex. être disciple, les Dix Commandements), des sujets concrets (par ex. comment être guidé, la prière) ou la prédication couvrant des livres de la Bible : chapitre par chapitre, paragraphe par paragraphe, ou même verset par verset pour les passages les plus courts.

Le quatrième facteur est *personnel*. Les meilleurs sermons que nous prêchons aux autres sont ceux que nous nous sommes d'abord prêchés à nous-mêmes. Quand Dieu lui-même nous parle par un texte de l'Écriture et que celui-ci nous devient clair et bénéfique, nous nous sentons poussés à partager nos découvertes et nos bénédictions. Cela ne veut pas dire que chaque sermon doive provenir de notre expérience personnelle. Certains d'entre nous prêchent sur le mariage tout en restant célibataires, ou sur le divorce tout en restant mariés, et nous avons tous à prêcher sur la mort avant d'être morts ! Et pourtant, les sermons qui proviennent d'une profonde conviction personnelle ont une richesse que James Stalker a appelée « la moelle de l'expérience ». Il ajoutait que « la vérité est doublement et triplement véridique lorsqu'elle émane d'un homme qui parle comme s'il l'avait apprise par son propre labeur et par sa propre souffrance. »[2] Il faut garder un carnet à portée de main afin que, lorsque survient la lumière et que l'on voit quelque chose clairement, on puisse attraper la pensée au vol.

Sur la base de ces quatre facteurs, on peut ensuite sélectionner une seule unité de pensée : jamais moins qu'un verset, et plutôt, habituellement, un paragraphe ou plus. Puisque Dieu nous a donné l'Écriture dans des livres, la meilleure stratégie à long terme consisterait à prêcher les unités de pensée d'un livre biblique à la suite, de sorte que les vérités et le but du livre soient enseignés et développés en contexte et que notre raisonnement puisse refléter celui de l'auteur biblique.

L'étude du texte

Nous voici maintenant prêts pour la deuxième phase de la préparation. Cela prend du temps, il faut donc commencer tôt. Plus tôt nous aurons choisi notre texte, plus nous aurons de temps pour en sonder

---

2. James Stalker, *The Preacher and his Models*. The 1891 Yale Lectures on Preaching, Londres, Hodder & Stoughton, 1891, p.110.

les richesses. Cela suppose de le relire souvent. Dietrich Bonhoeffer y revenait tous les jours pour « essayer de s'y immerger en profondeur, afin de véritablement entendre ce qu'il dit. »[3]

Il est très important de déterminer ce que le texte voulait dire lorsqu'il a été prononcé ou écrit pour la première fois. E. D. Hirsch a raison de souligner qu'« un texte veut dire ce que son auteur voulait dire ».[4] Il faut donc avoir la discipline de penser au cadre historique, géographique et culturel du texte ainsi qu'aux mots et aux images qu'il emploie. Il faut s'arrêter à chaque mot, à chaque expression, et vérifier comment ils interagissent. Il faut faire la distinction entre les généralisations et les exemples particuliers qui sont donnés pour les éclairer. Il faut repérer le genre littéraire, c'est-à-dire le type d'écriture. La poésie telle qu'on la trouve dans les psaumes et dans une bonne partie des données prophétiques recourt à des techniques différentes des récits historiques ou des épîtres. Dans un poème, on trouve des images et des termes colorés qui sont mis ensemble pour inspirer et aussi pour enseigner.

Ce genre d'étude détaillée, avec une prise de notes sur tout ce qu'on observe, est très important avant de tenter d'isoler la pensée dominante sur laquelle nous allons prêcher. Les six questions qui suivent vous aideront peut-être au moment de vous atteler à la tâche, pour travailler à mettre en forme ce que vous avez vu. Elles vous aideront à demeurer fidèle au contenu et à l'intention du texte biblique :

1- Quelle est la fonction du texte dans son contexte ? S'agit-il d'un commandement, d'un exemple, d'une explication, d'une promesse, ou d'un mélange de tout cela ? Cette question est extrêmement importante car nous voulons que le sermon rende compte de ce que fait le texte, pas seulement de ce qu'il dit.
2- De quoi l'auteur parle-t-il principalement ? Quel mot ou quelle expression rend le mieux compte du sujet du texte ou du verset ?
3- Que dit l'auteur sur ce sujet ? Dans le reste du texte, tout doit se rapporter d'une façon ou d'une autre au thème principal.
4- Quel retour le Saint-Esprit attend-il de ce texte ? Notre réponse à la première question ci-dessus nous donnera un indice. Si la section

---

3. Mary Bosanquet, *The Life and Death of Dietrich Bonhoeffer*, Londres, Hodder & Stoughton, 1968, p.110.
4. E. D. Hirsch, *Validity in Interpretation*, New Haven, Yale University Press, 1967, p.1.

est un commandement, alors c'est l'obéissance qui est exigée ; il faut simplement déterminer ce que comporte cette obéissance. Si le texte est une explication, il devrait apporter une compréhension qui peut mener à la foi. Nous devons prendre garde à ne pas fonder notre réponse à cette question sur des suppositions ni sur notre propre expérience. Nous devons laisser le texte et son contexte expliquer comment le Saint-Esprit veut que nous répondions.

5- Comment *ce* texte-*là* évoque-t-il cette réponse ? Par exemple, l'auteur présente-t-il des arguments (comme Paul le fait en Romains) ou crée-t-il une image verbale (comme dans le Psaume 23) ? Les meilleurs prédicateurs utilisent leur réponse à cette question comme la clef pour inciter leurs auditeurs à réagir. Ils laissent le texte faire ce que le texte veut faire !

6- Comment ce texte s'inscrit-il dans l'histoire du salut, dans la « grande histoire » de la rédemption ? Nous devons comprendre en quoi notre texte contribue à la narration biblique et, par voie de conséquence, comment il renvoie au Christ.

Lorsque nous aurons obtenu des réponses valables à ces questions, nous aurons levé au moins quelques obstacles à la prédication fidèle. Si nous saisissons ce que le texte dit et fait, nous saurons de quoi parle le passage, ce qu'il dit sur ce sujet, quelle réponse il appelle, comment il suscite cette réponse et en quoi il contribue au tableau général de l'œuvre divine de salut. Si, au contraire, nous ne relevons pas ces éléments, nous allons certainement prêcher simplement ce qui nous passe par la tête, ce qui va se passer pour nous lorsque nous lisons ce passage, au lieu de prêcher ce que le texte est destiné par Dieu à dire et à faire.

La méditation sur le texte

Ensuite, il faut que nous prenions le temps de méditer sur notre texte, que nous y réfléchissions attentivement jusqu'à ce qu'il nous touche, voire nous émeuve. Il faut le tourner et le retourner dans notre esprit, comme Marie, la mère de Jésus, qui conservait précieusement tout que les bergers lui avaient dit, qui « conservait toutes ces choses et les repassait dans son cœur » (Lc 2.18-19). Nous devons en extraire toute la substantifique moelle comme une abeille le fait d'une fleur ; la ronger comme un chien ronge un os ; la sucer comme un enfant suce une orange ; et la ruminer comme la vache rumine son herbe.

Pendant tout ce temps, nous devons être en prière, suppliant humblement Dieu de nous éclairer par l'Esprit de vérité. Comme Moïse, nous devons l'implorer de nous montrer sa gloire (Ex 33.18). L'étude ne se substitue pas à la prière ; la prière ne se substitue pas à l'étude. Il faut faire les deux. Il peut être utile d'étudier à genoux, car cette posture nous rappelle que nous adorons le Dieu qui se révèle dans la Bible, et que nous sommes peu de choses devant lui. En Daniel 9, on trouve un excellent exemple de cela. L'étude des Écritures (9.2) conduit à une humble prière de confession et de supplication (9.3-19). Le Seigneur entend et accorde à Daniel une compréhension approfondie (9.20-23).

En méditant dans un esprit de prière, il est bon de noter les idées et les questions qui nous viennent. Quelquefois il y aura un éclair d'inspiration. Ne le laissez pas s'enfuir ! Il vous aidera à transmettre le sens du passage à vos auditeurs.

Rien ne saurait remplacer l'étude personnelle, mais ça ne signifie pas que nous n'ayons pas d'aide à recevoir des autres. Nous pouvons bénéficier d'éclairages appréciables à partir de commentaires bibliques. Il est aussi très intéressant d'inviter un groupe (l'équipe responsable d'un domaine de ministère dans l'église, des animateurs de petits groupes ou d'autres pasteurs) pour regarder le texte avec nous. Ils peuvent tout à fait repérer des choses que nos yeux auront ratées.

Dans notre étude, nous pouvons encore profiter de nos ordinateurs. Les logiciels bibliques donnent accès à d'anciens commentaires et facilitent les recherches par mots qui auraient pris des heures il y a seulement quelques années. Internet nous permet de faire des recherches si facilement que des erreurs factuelles dans nos sermons deviennent quasiment inexcusables.

Mais en dehors des opportunités, les ordinateurs sont source de tentations. Notre étude personnelle et notre application du texte peuvent se trouver court-circuitées si nous nous contentons de télécharger et de prêcher le sermon d'un autre, en utilisant ses illustrations et ses idées. Ce genre de plagiat ou de vol de prédications remonte au moins à l'époque de Jérémie (Jr 23.30) ; il n'en est pas moins immoral. De plus, les prédicateurs peuvent être tentés de tirer des analogies douteuses en se servant d'informations mal assimilées. Ou bien ils peuvent cultiver l'image de quelqu'un de très instruit, ce qui n'est peut-être ni vrai ni souhaitable.

Il n'y a aucun substitut à la réflexion soutenue et personnelle sur le texte.

L'identification de la pensée maîtresse

En continuant de méditer dans la lecture, la prière et l'étude, nous devons rechercher l'idée maîtresse de notre texte. Chaque texte a une pensée dominante, une idée-force, un élan moteur. Il faut persévérer dans la méditation jusqu'à ce que cela émerge et devienne clair. C'est indispensable parce que « tout sermon doit être impitoyablement unitaire dans son thème. »[5]

Si, comme nous l'avons soutenu au chapitre 3, Dieu s'exprime par ce qu'il a dit, alors il est essentiel de nous demander : « Que dit-il ? » et : « Sur quoi marque-t-il l'accent ? » Il est vrai qu'il peut y avoir plusieurs manières acceptables de manier un texte et plusieurs leçons différentes à en tirer. Par exemple, il est tout à fait admissible de recourir à la parabole du Bon Samaritain pour enseigner que l'amour s'exprime dans le service sacrificiel. Néanmoins, la pulsion principale de l'histoire contée par Jésus est le fait choquant qu'un Samaritain marginal et méprisé a fait ce que deux religieux juifs n'étaient pas prêts à faire. Il n'est pas possible de commenter cette parabole valablement sans faire ressortir cette question raciale et la critique qu'elle induit de toute religion qui, aussi stricte soit-elle, est faussée à cause de son absence d'amour. Chaque texte a une « pensée maîtresse » : une idée principale, un but, une intention. Nous devons être assez intègres pour découvrir cela et résister à la tentation de donner au texte une tournure ou un accent de notre cru.

Un sermon, contrairement à une conférence ou à un exposé, ne devrait véhiculer qu'un seul message principal. Les étudiants ont à prendre des notes parce que les conférenciers dispensent beaucoup d'informations pendant le cours. Mais un sermon, c'est tout différent. En tant que parole vivante de la part de Dieu à son peuple, il doit produire son impact ici et maintenant. Les gens ne se souviendront pas des détails. Il n'y a pas à attendre cela de leur part. En revanche, ils doivent retenir la pensée

---

5. Pitt-Watson, *A Kind of Folly*, p.65.

maîtresse parce que tous les détails du sermon ont été agencés afin de les aider à en saisir le message, à en ressentir la puissance, et à y réagir.

> Nul sermon n'est prêt à être prêché... tant que nous ne pouvons pas en exprimer le thème dans une phrase courte, intense, claire comme de l'eau de roche. Je m'aperçois que la production de cette phrase est le labeur le plus dur, le plus astreignant et le plus fructueux de mon étude... Je pense qu'aucun sermon ne devrait être prêché, ni même écrit, avant que cette phrase ait émergé, aussi claire et lumineuse qu'une lune sans nuage.[6]

Dans l'idéal, c'est tout le culte qui devrait être construit autour de ce thème. La première partie du culte devrait commencer à orienter les esprits et les cœurs de l'assemblée vers le thème biblique et la préparer à le recevoir. Les cantiques d'introduction et les chants d'adoration, de même que les prières d'intercession, peuvent être plus généraux, mais les lectures bibliques doivent être en rapport. *Idem* pour le chant spirituel qui précède la prédication. Et le cantique qui suit la prédication doit nous aider à exprimer notre réponse. N'ayons pas peur de cette répétition.

Dans la préparation de notre sermon, nous ne devons pas escamoter la discipline d'attendre patiemment que la pensée dominante se révèle. Soyons prêts à prier et à nous investir profondément dans le texte, jusqu'à ce que nous en devenions le serviteur humble et soumis. Alors, il n'y aura plus de danger de tordre le texte. Au contraire, la parole de Dieu dominera notre pensée, enflammera notre cœur et contrôlera le développement de notre sermon. C'est ainsi que sa parole produira une impression durable sur l'assemblée.

L'organisation des données

Jusqu'ici nous avons rassemblé beaucoup d'idées sur le texte et tenté d'en détacher la pensée maîtresse. À présent, nous devons organiser nos idées de sorte qu'elles renvoient à cette pensée. Nous n'essayons pas de produire un chef-d'œuvre ; nous essayons de nous assurer que l'idée principale du texte aura un impact maximal, accomplissant chez nos

---

6. Hugh Evans Hopkins, *Charles Simeon of Cambridge*, Londres, Hodder & Stoughton, 1977, p.59.

auditeurs la même chose que ce qu'elle était destinée à faire dans la vie de ses premiers auditeurs ou premiers lecteurs.

Dans ce processus, la première étape consiste à *écarter les pensées inappropriées*. C'est plus facile à dire qu'à faire. Pendant nos heures de méditation, nombre de pensées bénies et d'idées magnifiques nous sont venues. Il est tentant de les fourrer toutes ensemble. Ne cédez pas à la tentation ! Des matériaux inappropriés affaibliront l'effet du sermon, et ces autres idées seront utiles une autre fois. Nous devons avoir assez de force de caractère pour les réserver à plus tard. Résolument, nous devons faire cadrer nos matériaux avec notre thème de sorte que notre idée-force se dresse hardiment. Pour y parvenir, il nous faut une structure, des mots et des illustrations.

La deuxième étape consiste à *organiser nos pensées dans une structure*. Un sermon sans structure, c'est comme une méduse : seulement de la chair et pas d'os. Cela dit, un sermon dont la structure est trop voyante est comme un squelette : seulement des os et pas de chair. Ni les méduses ni les squelettes ne font de bons sermons !

La structure d'un sermon est trop visible quand il est trop astucieux (par ex. chaque point commence avec la même lettre de l'alphabet) ou trop compliqué (comme ce sermon de Richard Baxter qui comportait 65 points !).[7] Des plans qui s'affichent de cette manière sont toujours déroutants. L'objectif du plan, comme la destination du squelette, c'est de soutenir le corps tout en se maintenant largement hors de vue.

Ce n'est pour dire que les pasteurs ne doivent jamais exposer à leur auditoire la structure de leurs sermons. Il peut arriver que ce soit utile de le faire, soit verbalement, soit par projection sur un écran. Mais la structure doit être simple et sa représentation visuelle doit être seulement une aide. Il est très facile pour des projections PowerPoint de bloquer la communication de personne à personne du fait que l'assemblée regarde l'écran et non le prédicateur.

Un second danger à surveiller, c'est la structure artificielle. Certains prédicateurs extraient de force un plan de leur texte, troublant ainsi les eaux claires de la vérité et plongeant l'auditoire dans la confusion. La règle d'or pour les grandes lignes des sermons, c'est que chaque texte doit avoir la liberté de fournir sa propre structure. Celui qui expose avec talent laisse le texte se déployer de soi-même sous nos yeux, telle

---

7. Smyth, *The Art of Preaching*, p.177.

une rose qui s'épanouit au soleil matinal en exhibant la beauté qu'elle tenait jusqu'alors cachée. Par exemple, on raconte que le Dr. Alexander McLaren était capable de toucher le texte « avec un marteau d'argent, et il le brisait immédiatement en subdivisions naturelles et inoubliables ».[8] Spurgeon utilise la même image, disant qu'après beaucoup d'efforts on finit par trouver un texte qui « étincelle au moment où il tombe en miettes et l'on perçoit des joyaux d'un éclat rarissime qui brillent de l'intérieur ».[9]

Il y a bien des manières de structurer un sermon, et des textes différents nécessitent des traitements différents. Il faut pratiquer différentes techniques et ne pas rester englué dans une méthode unique. Par exemple, parfois nous commencerons par la grande idée après quoi nous en tirerons des conclusions particulières, en ancrant chaque partie de notre exposé dans le texte. En d'autres occasions, nous développerons le thème principal en prenant notre temps, traitant chaque point individuellement et, seulement à la fin, indiquant à quoi se ramène tout l'ensemble. Cette méthode est particulièrement utile quand on a affaire à des récits. Le point culminant d'une histoire arrive en général à la fin, et ce serait insensé de le dévoiler au début. Cependant, on peut souvent combiner ces méthodes.

Une fois que la structure est claire dans notre tête, il faut *lui donner une consistance charnelle dans des mots*. Il est impossible de faire passer un message précis sans choisir des termes précis. Nous devons être comme le Prédicateur de l'Ecclésiaste qui « s'est efforcé de trouver des paroles qui plaisent [c'est-à-dire les paroles *justes*]; elles ont été écrites exactement, ce sont des paroles de vérité. » De telles paroles sont « comme des aiguillons » qui titillent la conscience et stimulent l'esprit ; elles sont « comme des clous plantés » parce qu'elles se fixent dans la mémoire et n'en sont pas facilement délogées (cf. Ec 12.10, 11 NBS). Il vaut donc la peine de prendre garde aux termes que nous utilisons.

Les mots que nous choisissons doivent être aussi simples et clairs que possible, et ils doivent figurer dans des phrases courtes. De plus, ils doivent être des images vivantes, évocatrices dans l'esprit de nos auditeurs.

C. S. Lewis donnait des avis de bon sens sur ce sujet lorsqu'il conseillait aux auteurs ceci :

---

8. W. Robertson Nicoll, *Princes of the Church*, Londres, Hodder & Stoughton, 1921, p.245, 249.
9. Spurgeon, *Lectures to my Students*, Première Série, p.88-89.

- Être clair et éviter toute ambiguïté.
- Préférer des mots simples à des mots longs uniquement destinés à impressionner.
- Se servir de substantifs (des noms) concrets au lieu de substantifs abstraits.
- Montrer, ne pas dire. En d'autres termes,

> N'utilisez pas des adjectifs qui se contentent de nous dire ce que vous, vous voulez que nous ressentions sur ce que vous êtes en train de décrire. Je veux dire que, au lieu de nous dire que telle chose était « terrible », décrivez-la de telle manière que nous serons terrifiés. Ne dites pas que c'était « délectable », mais amenez-nous à dire « délectable » une fois que nous avons lu la description. Vous voyez, tous ces termes (épouvantable, merveilleux, abject, exquis) ne font que dire à vos lecteurs : « Voudriez-vous faire mon boulot à ma place ».

- N'exagérez pas. Si vous utilisez « infiniment » à la place de « très », « il ne vous restera plus de mots quand vous voudrez parler de quelque chose de *réellement* infini ».[10]

Nous devons donc rechercher des mots simples que nos auditeurs comprendront, des termes éloquents qui les aideront à se représenter ce dont nous parlons, et des termes honnêtes qui diront la vérité vraie sans exagération.

En tout cela, souvenez-vous que les mots n'ont de sens qu'en contexte. Choisissez le terme juste, mais n'allez pas croire qu'il suffit de placer ce mot comme un sous-point sur une présentation PowerPoint pour transmettre convenablement votre idée.

Ce que nous mettons en mots, nous devons toujours *le compléter avec des images ou des illustrations*. Le terme « illustrer » signifie illuminer, jeter une lumière sur un objet sombre, et c'est ce que les illustrations de nos sermons devraient faire. Les gens ont beaucoup de mal à manier des idées abstraites ; il faut que nous les convertissions soit en symboles (comme en mathématiques), soit en images. Il a été dit avec raison qu'une image vaut mille mots.

Vous vous souvenez que Paul rappelait aux Galates : « sous vos yeux Jésus-Christ a été dépeint crucifié » (Ga 3.1 NBS). La crucifixion

---

10. W. H. Lewis, sous dir., *Letters of C. S. Lewis*, Geoffrey Bles, 1966, p.271.

avait eu lieu environ vingt ans plus tôt, et aucun des lecteurs auxquels Paul s'adresse dans cette lettre n'en avait été témoin. Néanmoins, par le caractère frappant de sa prédication, Paul avait été capable de faire passer cet événement du passé jusque dans le présent, comme une image visuelle dramatique. Tel est le propos de toute illustration : stimuler l'imagination des gens et les aider à voir les choses clairement dans leur tête. Les illustrations transforment l'abstrait en concret, l'ancien en actuel, l'inaccoutumé en familier, le général en particulier, le vague en précis, l'irréel en réel, et l'invisible en visible. Un bon orateur « transforme en yeux les oreilles de ses auditeurs et leur fait voir ce dont il parle ».[11]

Sans surprise, l'un des éléments les plus importants pour arriver avec de bonnes illustrations, c'est l'imagination, c'est-à-dire la capacité à imaginer « des choses invisibles, et… de les présenter comme si elles étaient visibles aux autres ».[12]

Il existe cependant quatre dangers auxquels nous devons prendre garde. Le premier est que les illustrations prennent trop de place, s'avançant sous les projecteurs au lieu de donner de la lumière sur quelque chose qui est difficile à comprendre. Ce genre d'illustration se grave dans la mémoire pour elle-même bien après que la vérité qu'elle illustrait a été oubliée. Ce danger est particulièrement aigu lorsque nous nous servons de la technique pour incorporer dans les sermons des extraits filmés. Il peut être difficile de capter à nouveau l'attention des auditeurs et donc, avant d'utiliser un clip vidéo, nous devons nous demander s'il est approprié et de bon goût, s'il nécessite une explication, et s'il transportera ceux qui le verront dans un monde onirique au lieu de les mener vers la réalité.

Le deuxième danger, c'est que l'analogie peut être décalée. Nous devons être clairs sur la part de similitude qui est importante. Par exemple, quand Jésus nous dit de devenir comme de petits enfants, il ne veut pas dire que nous devons avoir tous les aspects de l'enfance. Il ne préconise pas ce que l'enfance comporte d'immaturité, de turbulence, d'irresponsabilité, d'innocence ou d'ignorance. Il s'intéresse à l'humilité de l'enfant – les enfants savent qu'ils ne peuvent pas se débrouiller tout seuls. De la même manière, nous sommes dépendants de la grâce comme les enfants sont dépendants de leurs parents. Il y a d'autres passages

---

11.   J. C. Ryle, *Lights from Old Times*, Londres, Thynne & Jarvis, 1924, p.271.
12.   Henry Ward Beecher, *Lectures on Preaching : Personal Elements in Preaching*, the 1872 Yale Lectures, Londres, Nelson, 1872, p.127, 134.

de la Bible dans lesquels il nous est dit de ne pas être comme des enfants (Jr 1.7 ; 1 Co 3.1, 2 ; 14.20 ; Hé 5.11-14). Il est donc toujours dangereux, et souvent source d'erreurs, de trop miser sur l'analogie. Il est faux de suggérer que, du fait que deux objets ou deux événements sont semblables sur un point, ils doivent l'être sur tout le reste.

Le troisième danger, c'est la tentation d'utiliser trop ou trop peu d'illustrations. « Un sermon qui est entièrement dépourvu d'images et d'illustrations n'a de chances d'atteindre que ceux dont la discipline intellectuelle leur donne la possibilité d'apprécier les abstractions. » À l'inverse, « un sermon comportant trop d'illustrations est comme une femme surchargée de bijoux, et les bijoux qui sont à l'origine destinés à valoriser sa personne la dissimulent ».[13]

Enfin, nous devons être très attentifs à la façon dont nous présentons nos illustrations. Si, faute d'attention, nous ne sommes pas exacts sur les faits, ou si nous présentons une histoire comme nôtre alors qu'elle provient d'une autre source, si nous généralisons à l'excès à partir de cette histoire, ou si nous faisons du cinéma devant les auditeurs par un usage gratuit de l'humour, ou si nous les manipulons avec des histoires à fendre le cœur, nous pourrions bien nous apercevoir que nous perdrons notre crédibilité avec des auditeurs attentifs. C'est quelque chose que nous ne pouvons pas nous permettre.

Où trouve-t-on des illustrations ? La Bible en est une bonne source. Elle est truffée d'illustrations. Qu'on pense à l'Ancien Testament : « Comme un père a compassion de ses fils, l'Éternel a compassion de ceux qui le craignent » (Ps 103.13). Les « méchants… sont comme la paille que le vent dissipe » (Ps 1.4). « Je serai comme la rosée pour Israël, il fleurira comme le lis, il s'enracinera comme le Liban » (Os 14.6). « Ils prennent leur vol comme les aigles » (Es 40.31). « Ma parole n'est-elle pas comme un feu… et comme un marteau qui fait éclater le roc ? » (Jr 23.29) Qu'on pense au Nouveau Testament : « C'est vous qui êtes le sel de la terre… C'est vous qui êtes la lumière du monde » (Mt 5.13,14). « En effet, comme l'éclair resplendit et brille d'une extrémité du ciel à l'autre, ainsi sera le Fils de l'homme en son jour » (Lc 17.24). « Quel malheur pour vous, scribes et pharisiens, hypocrites ! Vous ressemblez à des sépulcres blanchis qui paraissent beaux au dehors, et qui au dedans

---

13. Theodore Parker Ferris, *Go Tell the People*, the 1950 George Craig Stewart Lectures on Preaching, New York, Scribner, 1951, p.93.

sont pleins d'ossements de morts et de toute espèce d'impureté »
(Mt 23.27). « Nous avons fait preuve de douceur parmi vous, comme
une mère qui prend soin de ses enfants » (1 Th 2.7, 8 BFC). « Qu'est–
ce que votre vie ? Une brume légère, visible quelques instants et qui se
dissipe bien vite » (Jc 4.14 Semeur). Et puis, il y a les paraboles racontées
par Jésus. Et la liste est loin d'être close.

Certains prédicateurs sont très doués pour reformuler des histoires
et des paraboles bibliques en langage moderne, tandis que d'autres sont
capables d'inventer des paraboles modernes toutes neuves. Cependant,
les illustrations les plus efficaces sont probablement les récits tirés de
biographies ou de l'histoire, des affaires courantes ou de notre propre
expérience. C'est alors que la vérité biblique est mise en rapport avec les
circonstances les plus diverses.

Il est également important de se rappeler que certaines illustrations
peuvent être réduites à un mot ou à une expression qui transmet une
image forte. Quand nous parlons de Dieu qui « brise nos résistances »,
les gens peuvent se représenter en train de se défendre contre des
agressions. Quand nous disons que le Saint-Esprit « force au pied de
biche » nos esprits fermés à une nouvelle vérité, nos auditeurs peuvent
presque entendre le craquement du couvercle qui cède avec difficulté
sous la pression de l'outil.

Tout prédicateur doit constamment être à l'affût d'une illustration.
Il ne s'agit pas de lire des livres ni d'écouter les gens uniquement pour
faire provision de matériaux pour les sermons ! Néanmoins, nous serions
bien avisés de noter les idées qui nous passent par la tête, ainsi que les
meilleures citations de chaque livre que nous lisons.

L'ajout de la conclusion

C'est seulement après avoir préparé le corps du sermon que nous sommes
prêts à rédiger notre introduction et notre conclusion. Bizarrement,
il faudrait écrire la conclusion avant l'introduction, car en écrivant la
conclusion nous amenons le message à son intensité et à son application
finales. Ce n'est qu'après avoir fait cela que nous serons suffisamment
clairs sur ce que nous allons introduire.

Certains d'entre nous semblent incapables de conclure quoi que ce
soit, et surtout pas les sermons ! On tourne en rond, comme un avion

sans instruments un jour de brouillard, incapable d'atterrir. D'autres vont s'arrêter trop brutalement. Nos sermons seront comme une pièce sans final, comme une musique sans crescendo ni apothéose. Il vaut donc la peine de regarder la conclusion plus en détail.

La première mission de la *conclusion*, c'est de résumer, de reprendre les idées principales du sermon. Il ne faut pas avoir peur de se répéter. « Je n'éprouve aucun ennui à vous écrire les mêmes choses, et pour vous, c'est une sécurité », écrit l'apôtre Paul (Ph 3.1). Pierre est du même avis : « … je vais toujours vous rappeler ces choses, bien que vous les sachiez… J'estime juste… de vous tenir en éveil par ces rappels… » (2 P 1.12, 13). Il y a des charpentiers si adroits qu'ils peuvent enfoncer un clou d'un seul coup frappé fort ; la plupart trouvent plus sûr de le faire en plusieurs coups. Par analogie, nos auditeurs ont besoin de voir la vérité être implantée à sa place par le martèlement de la répétition. Mais attention à ne pas faire que de la répétition ; il faut trouver une autre façon d'en venir au but.

Une conclusion nécessite aussi une application personnelle. Ce que nous attendons, alors que le sermon tire à sa fin, ce n'est pas seulement que les gens comprennent, se souviennent ou apprécient notre enseignement, c'est qu'ils y réagissent. Il ne s'agit pas que la réaction n'intervienne qu'à la fin, car nous devons donner une application aux vérités en cours de route. Mais c'est une erreur de dévoiler sa conclusion trop tôt au cas où l'on perd l'intérêt de l'auditoire. Il vaut mieux se ménager des réserves. Et à la fin, par la puissance du Saint-Esprit, on peut inciter les auditeurs à agir concrètement ou à faire tout ce que le texte les appelle à faire.

Les auteurs bibliques montraient clairement que tel était le but de leur instruction. Ézéchiel est mandaté comme « sentinelle pour la maison d'Israël » (Ez 3.17) afin d'avertir le peuple quant au jugement de Dieu et de l'appeler à la repentance. La grande souffrance de son ministère prophétique, c'est que le peuple refuse de réagir en conséquence. Dieu lui dit : « Au fond, tu n'es rien de plus pour eux qu'un chanteur de charme, quelqu'un qui a une belle voix ou qui joue bien de son instrument ; ils écoutent donc tes paroles, mais personne ne les traduit en actes. » (Ez 33.30-32, Semeur). Écouter une prédication, écouter un concert, voilà deux expériences qui devraient être tout à fait différentes : la musique est faite pour être appréciée ; l'Écriture est faite pour être obéie. Jésus disait à ses disciples : « Si vous savez cela, heureux êtes-vous, pourvu que vous le mettiez en pratique ! » (Jn 13.17 ; voir aussi Jn 3.18-21). Les apôtres affirment clairement que la vérité est assortie d'exigences morales : elle doit être obéie, pas seulement entendue ou crue (Rm 1.18-23 ; 2 Th 2.10-12 ; Jc 1.22-25 ; 1 Jn 1.6,8 ; 2 Jn 4,6 ; 3 Jn 3,4).

Comment nous appliquons notre sermon : cela dépend de notre texte et de notre assemblée. Nous avons médité notre texte jusqu'à ce qu'il livre son idée principale. C'est l'idée que nous voulons faire ressentir à nos auditeurs pour qu'ils repartent avec de fermes résolutions. Le texte appelle-t-il à la repentance ou fait-il grandir notre foi ? Encourage-t-il l'adoration, exige-t-il l'obéissance, appelle-t-il au témoignage, ou nous exhorte-t-il au service ? C'est le texte lui-même qui détermine la réaction que nous aspirons à voir.

Quant à notre congrégation, nous avons déjà insisté sur la nécessité de la connaître avec ses besoins spirituels. Écrivant en 1607, Richard Bernard faisait la liste de ce que le prédicateur devrait espérer faire :

> Instruire les ignorants, affermir ceux qui comprennent, reconquérir les vicieux, encourager les vertueux, convaincre les égarés, fortifier les faibles, repêcher les relaps, donner de la résolution à ceux qui doutent, nourrir de lait et de viande consistante continuellement, en saison et hors-saison.[14]

La seule façon de faire cela, c'est de nous servir de l'imagination que Dieu nous a donnée pour nous représenter les membres de notre assemblée, et relier leur vie au texte que nous venons d'étudier. Le mari de Suzanne vient de mourir. Elle vit l'expérience du deuil et de la solitude : qu'est-ce que mon texte a à lui dire ? Ou bien à Angèle, qui n'a jamais pu digérer son célibat ? Ou à Samuel, qui ressent le poids de nouvelles responsabilités à la suite de sa promotion ? Ou à Jean et Marie, qui viennent de se marier et qui sont en train de s'installer ? Ou à ces étudiants qui affrontent des examens de fin d'année et qui se posent des questions sur leur carrière ? Ou à ce Thomas qui est plein de doutes, à cet Agrippa qui est encore en train de réfléchir à l'Évangile, où à ce Paul qui vient de s'engager pour le Christ ? Il est bon de laisser notre esprit

---

14.   Richard Bernard, *The Faithfull Shepherd*, Londres, 1607, p.11,72. Voir aussi William Perkins, *The Art of Prophecying*, Londres, 1631, ouvrage dans lequel le chapitre 7 est intitulé : « Des manières d'utiliser et d'appliquer les doctrines ». Il énumère différents groupes de personnes ainsi que la façon d'adapter notre message pour eux.

se promener sur la famille de l'église et de demander dans la prière quel message Dieu pourrait avoir pour chacun à partir de notre texte. George Whitefield pratiquait cela en désignant réellement les types de personnes dont il savait qu'elles écoutaient sa prédication :

> Je sais que beaucoup parmi vous sont venus par curiosité : même si vous ne venez que pour voir la congrégation, si néanmoins vous venez à Jésus-Christ, Christ vous acceptera. Est-ce qu'il y a ici des soldats qui jurent et qui disent des grossièretés ? Voulez-vous venir à Christ et vous enrôler sous la bannière du cher Rédempteur ? Vous êtes tous les bienvenus vers Christ. Y a-t-il ici des petits garçons ou des petites filles ? Venez à Christ, et il bâtira son royaume en vous… Vous qui êtes vieux et qui avez les cheveux gris, venez à Jésus-Christ, et vous serez rois et prêtres pour votre Dieu… S'il y en a parmi vous qui ont l'ambition d'être honorés, voulez-vous une couronne, un sceptre ? Venez à Christ, et le Seigneur Jésus-Christ vous donnera un royaume qu'aucun homme ne vous ravira.[15]

Pour donner un autre exemple, un jeune homme invité à prêcher sur « Tu ne commettras pas d'adultère » prononça un sermon qui était biblique, courageux, direct et pratique. Il termina avec quatre applications : les jeunes célibataires doivent se garder purs pour leur futur/e partenaire et apprendre à être forts quand survient la tentation ; les personnes impliquées dans une relation adultère doivent la rompre, en dépit de la souffrance que cela engendre ; les personnes mariées doivent travailler à leur mariage et servir d'exemple aux nombreux jeunes qui viennent de foyers brisés et qui n'ont pas de modèles ; et l'église locale doit avoir le courage d'accuser et de discipliner les contrevenants, par soumission à l'enseignement de Matthieu 18.15-17.[16]

Nous devons encore avoir conscience que les gens entendent les sermons avec différents filtres. Certains seront ouverts à notre message. D'autres y résisteront parce qu'ils le voient comme une menace à leur vision du monde, ou à leur culture, ou à l'unité familiale, ou à l'image d'eux-mêmes, ou à une vie de péché, ou à leur façon de gérer les biens. Si nous avons conscience de cette résistance, il se peut que nous devions

---

15. Edwin Charles Dargan, *A History of Preaching*, Londres, Hodder & Stoughton, 1912, t.2, p.314-315.
16. Ce sermon fut prêché à All Souls Church, Langham Place, par Roger Simpson.

être comme les apôtres et recourir à la persuasion dans notre conclusion (Ac 17.4 ; 18.4 ; 19.8 ; 2 Co 5.11). Nous pouvons chercher à convaincre en argumentant, en allant au devant des objections des gens et en y répondant, ou bien en les avertissant des conséquences de la désobéissance. Il faudra peut-être travailler indirectement, en commençant par susciter chez eux un jugement moral puis en le retournant contre eux-mêmes, comme Nathan l'a fait avec David. Il faudra peut-être se faire insistant, en appliquant la douce pression de l'amour de Dieu.

Ensuite, au moment de terminer la prédication, il est bon d'inviter l'assistance à prier. Parfois, on priera tout haut, cherchant à exprimer la réponse de l'assemblée à la parole de Dieu. En d'autres occasions, il sera plus sage d'appeler l'auditoire à la prière silencieuse. Le Saint-Esprit suscitera peut-être des réponses différentes dans des cœurs différents, ce qu'une prière unique ne saurait assumer.

La réflexion concernant l'introduction

Étant maintenant au clair sur la façon dont notre sermon va se conclure, nous pouvons travailler à notre *introduction*. Si elle est trop longue, elle va détourner du sermon lui-même, mais l'erreur la plus courante consiste à trop la raccourcir, ou même à s'en passer afin d'en arriver directement au sujet. Une telle approche manque de sagesse.

Une bonne introduction sert au moins trois objectifs. Premièrement : elle éveille l'intérêt, stimule la curiosité, et donne envie de connaître le point de vue de Dieu sur le sujet. Deuxièmement : elle permet aux auditeurs de ressentir qu'ils écoutent quelqu'un qui a qualité pour parler de la part de Dieu sur ce texte. Si le prédicateur mène une vie chrétiennement cohérente devant l'assemblée et qu'il a parlé de manière véridique et compétente dans le passé, l'assemblée peut déjà savoir cela, mais cela ne doit pas être tenu pour acquis. Nous devons nous tenir devant elle comme des serviteurs fidèles de la parole dont le but, comme pour Paul, est « que la parole du Seigneur se répande et soit glorifiée » dans la vie des auditeurs (2 Th 3.1). Troisièmement : elle introduit l'idée maîtresse et y conduit les auditeurs. Il est relativement facile de bâtir une introduction qui remplit l'une de ces trois fonctions. Mais il faut réussir les trois, et sans être trop long !

Le premier objectif est atteint en recourant à un exemple, une citation, une question ou un événement pour centrer l'attention sur le message. Le deuxième est atteint par la prière, demandant à Dieu de nous aider à éviter (même si c'est un détail) tout ce qui pourrait nous disqualifier comme serviteurs de la parole de Dieu. Le troisième est atteint en évitant tout récit introductif, toute citation, question ou pensée qui ne prépare pas directement les auditeurs à entendre le message du texte devant nous.

Certains prédicateurs se contentent d'annoncer et de lire leur texte, mais les gens risquent de trouver cela très traditionnel et très ennuyeux. La plupart du temps, il sera bienvenu de commencer avec une situation en rapport avec le sujet abordé par le texte plutôt qu'avec le texte lui-même. Par exemple, je me souviens avoir dirigé un séminaire pastoral à Guatemala Ciudad peu après un terrible séisme qui avait fait 23 000 morts et laissé plus d'un million de personnes sans abri. Aurait-il été bien judicieux pour les pasteurs locaux de débuter leur sermon ce dimanche-là par : « Mon texte de ce matin est… » ? N'aurait-il pas été plus naturel de commencer ainsi : « Nous nous retrouvons ce matin dans une grande consternation. Beaucoup d'entre nous avons perdu un parent ou un ami. D'autres ont perdu leur maison ou leurs biens. Pourquoi Dieu permet-il de telles catastrophes ? Telle est la question qui occupe nos cœurs et nos têtes. Comment croire encore en un Dieu d'amour ? » Si nous annonçons ensuite un texte que nous lisons, qui soit en rapport direct avec la providence de Dieu ou l'assurance de son amour, nous aurons de meilleures chances de maintenir l'attention de la congrégation. Il faut partir de là où les gens sont, plutôt que de là où nous voudrions les emmener.

La rédaction du message et la prière

La question se pose maintenant de savoir si on doit rédiger le sermon. Dieu nous ayant tous faits différents et nous ayant donné des personnalités et des talents distincts, on ne saurait édicter des règles définitives pour tous. Néanmoins, on s'accordera à dire qu'il faut éviter deux extrêmes. Le premier, c'est l'improvisation complète. Peu d'individus ont une pensée et un discours limpides au point de bien s'exprimer sans préparation écrite. Charles Siméon conseillait à ses étudiants de ne pas prêcher sans notes tant qu'ils n'auraient pas prononcé 300 à 400 sermons écrits.[17]

L'opposé extrême, c'est d'être esclave de ses notes au point de lire son sermon mot à mot. Jonathan Edwards, par exemple, « rédigeait ses sermons ; mais dans une écriture si minuscule et si illisible qu'ils ne pouvaient être lus qu'en ayant les yeux collés dessus. Il emportait ses notes avec lui sur le pupitre, et il lisait l'essentiel de ce qu'il avait écrit ; cependant, il n'y restait pas confiné. »[18] Certes, la bénédiction de Dieu reposait sur lui, mais cette approche ne fonctionne pas pour notre génération qui exige une interaction en face-à-face entre le prédicateur et la congrégation.

Il semble qu'il n'y ait qu'une façon de mêler un usage soigneux du langage avec le contact interpersonnel : il faut écrire le sermon au bureau, mais ne pas en faire une lecture stricte depuis le pupitre. Cet exercice de rédaction est une discipline extrêmement appréciable. D'abord, elle permet de s'assurer que l'on pense clairement. Les prédicateurs bavards peuvent masquer une pensée brouillonne derrière un discours adroit ; il est beaucoup plus difficile de dériver avec un topo sur papier. En fait, cela est impossible si on est honnête. Deuxièmement : la rédaction nous aide à éviter de recourir tout le temps aux mêmes expressions rebattues. Elle nous incite à élaborer de nouvelles manières d'exprimer des vérités anciennes.

Par les temps qui courent, il peut être tentant de remplacer l'écriture du sermon par du copié-collé à partir d'Internet. Si nous pouvons utiliser le Web pour vérifier la véracité des illustrations, toutefois nous avons encore besoin de prendre le temps d'élaborer notre sermon à nous. L'acte physique consistant à écrire ou à dactylographier nous aidera à nous souvenir de ce que nous voulons dire et nous encouragera à adapter nos lectures à la congrégation devant laquelle nous sommes appelés à prêcher.

Une fois que nous avons rédigé le sermon, il ne faut pas essayer de l'apprendre par cœur au point de le réciter depuis la chaire. Cela demanderait beaucoup trop de temps et de travail, et il y a un danger réel d'oublier le texte que nous avons écrit. Qui plus est, cela nous

---

17. Smyth, *The Art*, p. 178.
18. Dwight, *The Works of President Edwards*, t.1, p.605.

demanderait de nous concentrer beaucoup plus sur la mémorisation que sur notre message et sur l'assemblée.

Une des utilisations du sermon écrit liée à la mémorisation ou à la lecture de celui-ci est illustrée par Joseph Pilmore :

> Il écrivait ses sermons et… il avait toujours son manuscrit sous les yeux. Il commençait non seulement par lire, mais par lire de manière très appliquée, et avec peu d'animation ; mais il s'échauffait peu à peu, et l'on voyait ses yeux se mettre à luire, les muscles de son visage bouger et se dilater, jusqu'à ce que, à force, son âme s'enflammât entièrement, et il progressait avec une ardeur extratemporelle quasiment avec la furie d'une cataracte. Et le seul usage qu'il faisait de son manuscrit dans ces cas-là, c'était de le rouler dans sa main et littéralement de le brandir à la face de son auditoire.[19]

Une meilleure alternative consiste à réécrire le sermon sous forme de notes, et d'emporter ces notes avec soi à la chaire. Si nous avons préparé avec soin, rédigé le sermon et si nous en avons fait un sujet de prière, l'essentiel nous en reviendra à la mémoire aisément au moment de prêcher. En même temps, nous aurons une certaine marge de liberté pour nous affranchir de nos notes ou pour développer à partir d'elles. Le professeur James Stewart, un prédicateur admirablement fluide, me dit que c'était sa méthode : « J'essayais toujours d'écrire le sermon du matin au moins en entier… Le samedi matin, je réduisais cela à un résumé d'une ou deux pages, qui m'accompagnaient à l'église le dimanche. »[20]

Après la rédaction vient la prière. Évidemment, nous avons prié avant de commencer la préparation, et nous avons essayé de poursuivre dans une attitude de prière tout au long de notre préparation. Mais maintenant que le sermon est terminé et rédigé, nous devons en faire un sujet de prière. Je recommande de le faire avant de partir pour l'église le dimanche. C'est à genoux devant le Seigneur que nous pouvons nous approprier le message, le posséder ou le reposséder jusqu'à ce qu'il nous possède. Ensuite, au moment de le prêcher, il ne proviendra ni de nos notes, ni de notre mémoire, mais des profondeurs de notre foi personnelle, comme un cri du cœur authentique. Ainsi que l'écrit

---

19. E. Clowes Chorley, *Men and Movements in the American Episcopal Church*, the Hale Lectures, New York, Scribner, 1946, p.34-35.
20. Entretien privé du 30 septembre 1978.

Baxter, « un ministre du culte doit endurer des souffrances particulières dans son cœur avant d'aller se présenter devant la congrégation ».[21] Tout prédicateur connaît la différence entre un sermon pesant qui roule bruyamment sur la piste comme un avion surchargé de passagers et qui n'arrive pas à prendre l'air, et un sermon qui a « ce qu'a un oiseau : il sait où il va et il a des ailes ».[22]

Les prophètes et les sages ont parlé de cela, naguère. Jérémie s'exprime ainsi : « Si je dis «je ne ferai plus mention de lui, je ne parlerai plus en son nom», Il y a dans mon cœur comme un feu brûlant, retenu dans mes os. Je me fatigue à le contenir et je ne le puis. » (Jr 20.9). Le plus jeune « consolateur » de Job, Élihou, irrité du fait que les trois premiers discoureurs n'aient pas trouvé de réponse à la situation de Job, eut une expérience semblable : « Car je suis tout plein de propos, l'esprit me presse au–dedans de moi ; voici qu'au–dedans de moi, c'est comme du vin sous pression, comme des outres neuves qui vont éclater » (Jb 32.18-20). Le psalmiste, oppressé par les méchants qui l'environnent, dit : « Mon cœur brûlait au–dedans de moi ; dans mon gémissement, un feu s'allumait, et la parole est venue sur ma langue » (Ps 39.4). Le message de Dieu en nous devrait être comme un feu qui brûle ou comme un vin qui fermente. La pression devrait commencer à monter en nous, jusqu'à ce que nous sentions que nous ne pouvons plus la contenir. C'est là que nous sommes prêts à prêcher.

Le processus complet de préparation d'un sermon, du début jusqu'à la fin, a été excellemment résumé par un prêcheur afro-américain qui disait : « D'abord, je me remplis en lisant, ensuite je réfléchis pour être clair, ensuite je prie jusqu'à être chauffé, et ensuite je me laisse faire. »

Ça prend combien de temps ?

Les étudiants et les jeunes prédicateurs veulent savoir combien de temps il faut pour préparer un sermon. Il est impossible de donner une réponse simple. La meilleure, c'est : « votre vie entière ! » En un sens, chaque sermon est le fruit d'une accumulation de connaissances que nous avons acquises à travers les années. Chaque sermon reflète aussi le genre de

---

21. Baxter, *Reformed Pastor*, p.162.
22. Halford Edward Luccock, *In the Minister's Workshop*, New York, Abingdon-Cokesbury Press, 1944 p.12.

personne que nous sommes devenus avec le passage du temps. La raison pour laquelle il est délicat d'évaluer le nombre d'heures réel, c'est que personne ne peut dire précisément quand commence le processus. Faut-il intégrer le temps passé en lectures de fond ? Après quelques années passées à étudier ou à faire des préparations, on ne tombe jamais sur tel verset ou sur tel passage qu'on n'aurait pas lu ou auquel on n'aurait pas réfléchi auparavant. Aussi l'abordons-nous avec les idées que nous avons amassées au fil du temps.

Néanmoins, pour donner un ordre de grandeur, je pense que les débutants auront besoin de dix à douze heures depuis le moment où le texte est choisi jusqu'au moment où le sermon est complètement rédigé. Les prédicateurs expérimentés ne descendront guère en dessous de cinq ou six heures. En moyenne, il faut au moins une heure de préparation pour cinq minutes de prédication.

6

SINCÉRITÉ ET CONVICTION

Rien n'écœure davantage les gens que la trahison ou l'hypocrisie ; rien n'est plus attirant que la sincérité. Les gens attendent de hauts niveaux d'honnêteté de la part des prédicateurs et ils sont comme des chiens qui courent après un rat pour voir s'ils ne trouveraient pas en nous quelque contradiction. Nous sommes engagés personnellement par rapport à notre message et nous devons être sincères. Le Christ lui-même a durement condamné les hypocrites.

Cette sincérité comporte deux aspects : les prédicateurs doivent penser ce qu'ils disent depuis la chaire, et ils doivent mettre en pratique ce qu'ils prêchent quand ils sont ailleurs. Richard Baxter l'a formulé ainsi : « celui qui pense ce qu'il dit agira sûrement comme il dit ».[1]

Le tout premier impératif, c'est que ceux qui proclament l'Évangile doivent eux-mêmes avoir reçu l'Évangile ; ceux qui prêchent le Christ doivent connaître le Christ. Spurgeon décrit un prédicateur inconverti en ces termes :

> Un pasteur dépourvu de la grâce est un aveugle promu au poste de professeur d'optique, philosophant sur la lumière et sur la vue... alors que lui-même est complètement dans le noir ! C'est un muet élevé à la chaire de musique ; un sourd intarissable en matière de symphonie et d'harmonie ! C'est une taupe qui se targue d'éduquer des aiglons ; un escargot de mer désigné pour superviser les anges.[2]

---

1. Baxter, *Reformed Pastor*, p.162.
2. Spurgeon, *Lectures to My Students*, Première Série, p.4.

Les descriptions de Spurgeon peuvent faire sourire, il n'en reste pas moins qu'on a vu de tels individus aux pupitres de certaines églises. Le Révérend William Haslam, par exemple, fut un ministre zélé dans l'Église anglicane à partir de 1842. Mais il était insatisfait, n'ayant en lui-même aucune source d'eau vive. Neuf ans après son ordination, il prêcha sur le texte : « Que pensez-vous du Christ ? » Alors qu'il était en train de prêcher, le Saint-Esprit (probablement en réponse à de nombreuses prières) ouvrit ses yeux afin qu'il voie le Christ dont il parlait, ainsi que son cœur afin qu'il croie en lui. Le changement fut si manifeste chez Haslam qu'un prédicateur du voisinage, qui se trouvait être là, bondit en criant : « Le pasteur est converti ! Alléluia ! » Sa voix fut couverte par les louanges de la congrégation. Haslam « se mêla aux explosions de louanges et, pour y mettre un peu d'ordre... donna la doxologie... et les gens la chantèrent de tout cœur et à pleine voix, sans parvenir à s'arrêter. » Comme une traînée de poudre, la nouvelle se répandit « que le pasteur était converti et cela par son propre sermon, dans sa propre chaire ! » Sa conversion marqua le début d'un grand réveil dans son district, avec un sens aigu de la présence de Dieu, et des conversions pratiquement tous les jours au cours des trois années suivantes. Dans les années qui suivirent, Dieu l'appela au ministère très inhabituel de conduire beaucoup de ses collègues pasteurs à la connaissance personnelle de Jésus-Christ.[3]

Les membres d'églises sont en droit d'attendre que le Saint-Esprit ait fait davantage que convertir leur pasteur. Ils recherchent aussi le fruit de l'Esprit, et la maturité chrétienne. Paul demandait à Timothée et à Tite d'être des modèles de comportement chrétien (1 Tm 4.12 ; Tt 2.7). Pareillement, Pierre prescrivait aux anciens de montrer l'exemple (1 P 5.3). L'insistance est on ne peut plus claire. « Un homme ne peut pas se contenter de prêcher, il doit vivre aussi. Quant à la vie qu'il mène... de deux choses l'une : soit elle émascule sa prédication, soit elle lui donne de l'incarnation. »[4] On ne peut pas cacher ce qu'on est. En réalité, ce que nous sommes parle aussi clairement que ce que nous disons. Quand ces deux voix se mêlent, l'impact du message en est

---

3. W. Haslam, *De la Mort à la Vie (ou Vingt Années de Son Ministère)*, Vevey, R.Caillé & Cie, Editeurs, 1882, p.21 (Voir aussi : http://www.revival-library.org/catalogues/1857ff/haslam.html et le site en construction : www.williamhaslam.org)

4. J. H. Bavinck, *An Introduction to the Science of Missions*, Philadelphia, Presbyterian & Reformed 1960, p.93

doublé. Mais lorsqu'elles se contredisent, le témoignage qui est positif est neutralisé par l'autre.

Cela nous amène à un problème pratique. La congrégation a tendance à considérer les prédicateurs comme des modèles de maturité chrétienne, à nous mettre sur un piédestal, et à nous idéaliser, voire à nous idolâtrer. Certes, nous savons que c'est au moins en partie abusif. Même si la grâce de Dieu a été et continue à être à l'œuvre en nous, nous ne sommes pas parfaits au point où l'église paraît le croire. Alors, que faut-il faire ? La sincérité exige-t-elle que nous mettions en pièces ce beau conte et que nous disions la vérité sur nous-mêmes depuis la chaire ?

Comme toujours, il faut éviter les réactions extrêmes. Transformer la chaire en confessionnal n'est ni approprié ni utile. Cela dit, faire semblant d'être parfait est malhonnête et décourageant pour la congrégation. Aussi devrions-nous admettre la vérité. Comme nos paroissiens, nous sommes faibles et pécheurs, exposés à la tentation et à la souffrance. Comme eux, nous sommes aux prises avec le doute, la peur et le péché. Comme eux, nous dépendons continuellement de la grâce de Dieu qui pardonne et qui libère. Sous cet angle, le prédicateur demeure un modèle... mais un modèle d'humilité et de vérité.

Le Nouveau Testament insiste sur la nécessité pour le prédicateur d'être auto-discipliné. « Prenez donc garde à vous-mêmes », rappelle Paul aux anciens de l'église d'Éphèse, en ajoutant ceci : « ...et à tout le troupeau au sein duquel le Saint-Esprit vous a établis évêques » (Ac 20.28). À Timothée, il écrit : « Veille sur toi-même et sur ton enseignement » (1 Tm 4.16). L'ordre de ces énoncés est important. Les pasteurs ont des responsabilités qu'ils tiennent de Dieu à la fois envers la congrégation qu'ils servent et envers la doctrine qu'ils enseignent. Néanmoins, leur responsabilité première consiste à surveiller leur marche personnelle avec Dieu et leur loyauté envers lui. Nul ne peut être un bon pasteur ou un bon enseignant pour les autres s'il n'est pas d'abord un bon serviteur de Jésus-Christ.

Des habitudes disciplinées de visites pastorales, de cure d'âme, d'étude théologique et de préparation des sermons deviennent stériles si elles ne reposent pas sur une dévotion personnelle disciplinée, en particulier la méditation biblique et la prière. Tout pasteur sait à quel point cela est difficile. Nous pouvons affronter l'incompréhension et l'opposition ; nous pouvons nous retrouver isolés et découragés ; nous connaîtrons certainement la fatigue de l'esprit et du corps. Même les personnalités les plus résistantes s'écroulent sous ces pressions-là, jusqu'à ce que la puissance de Dieu se révèle dans leur faiblesse et la vie de Jésus dans leur corps mortel. Alors, « l'homme intérieur se renouvelle de jour en jour » (2 Co 4.7-11,16).

L'importance de la sincérité

Il est très facile de dériver de la stricte honnêteté vers la prétention ou l'hypocrisie ; aussi a-t-on besoin de se rappeler pourquoi la sincérité est importante. Le Nouveau Testament fournit au moins trois raisons.

D'abord, il nous rappelle que si l'enseignement est un don spirituel et un grand privilège, il comporte aussi de nombreux dangers. Paul fait cette remarque aux chefs des Juifs : « toi qui es persuadé d'être le guide des aveugles, la lumière de ceux qui sont dans les ténèbres, l'éducateur apte à corriger les gens déraisonnables, à instruire les tout-petits, parce que tu as dans la loi l'essence même de la connaissance et de la vérité - Toi donc qui instruis les autres, tu ne t'instruis pas toi-même ! » (Rm 2.17-21 NBS). Chez ceux qui enseignent, l'hypocrisie est inacceptable parce qu'en principe ils devraient savoir mieux que les autres ! Les enseignants ne peuvent pas prétendre qu'ils ne connaissent pas leur propre programme ! Jésus juge les pharisiens avec dureté, « car ils disent et ne font pas » (Mt 23.1-3). C'est la raison pour laquelle Jacques donne ce conseil surprenant : « Ne soyez pas nombreux à être docteurs (enseignants), mes frères : vous le savez, nous subirons un jugement plus sévère » (Jc 3.1).

Deuxièmement : l'hypocrisie fait de gros dégâts. Nombreux sont ceux qui se sont séparés du Christ à cause du comportement hypocrite de certains de ceux qui prétendaient le suivre. Paul en était conscient, et il était déterminé à ne pas être un obstacle à la foi d'autrui : « Nous ne donnons aucun sujet de scandale en quoi que ce soit, afin que notre service ne soit pas un objet de blâme. Mais nous nous rendons à tous égards recommandables, comme serviteurs de Dieu » (2 Co 6.3, 4). Paul en donne pour preuve la liste de ce qu'il a souffert pour sa foi. Il n'y a pas de contradiction entre son message et son comportement. Les gens n'accepteront pas notre message si notre vie le contredit, pas plus qu'ils n'achèteront un remède contre le rhume à un marchand qui tousse et qui éternue entre chaque phrase !

Le troisième argument en faveur de la sincérité, c'est l'influence positive que peut avoir une personne « vraie ». Par exemple, Paul prit cet engagement ferme :

« Nous avons renoncé à toute action cachée ou honteuse [...] Au contraire, nous faisons connaître clairement la vérité et nous nous rendons ainsi recommandables au jugement de tout être humain devant Dieu » (2 Co 4.2 TOB). Il détestait la ruse et la duplicité, et il pouvait en appeler aussi bien à Dieu qu'à ses amis croyants comme témoins de sa transparence (1 Th 2.1-12). Il n'y avait rien dans sa vie ni dans son mode de vie qui empêchât ses auditeurs de croire son message. Il était crédible parce que ce qu'il disait correspondait à ce qu'il était.

Les croyants sincères attirent les incroyants. Même les détracteurs les plus féroces de Billy Graham respectaient sa sincérité. Dans la même veine, on raconte qu'un des amis de David Hume rencontra un jour ce philosophe (qui rejetait le christianisme) dans une rue de Londres. Voyant qu'il semblait pressé, cet ami lui demanda où il allait. Hume répondit qu'il allait écouter George Whitefield, le célèbre prédicateur. « Mais enfin, lui demanda son ami stupéfait, tu ne crois tout de même pas ce que prêche ce Whitefield, n'est-ce pas ? » « Bien sûr que non, répondit Hume. Mais lui, il le croit ! »[5] L'hypocrisie est toujours un repoussoir ; l'authenticité est toujours attirante.

L'une des preuves les plus grandes de l'authenticité, c'est la disposition à souffrir pour ce à quoi l'on croit. La fidélité du véritable serviteur de Dieu se démontre quand survient l'opposition (2 Co 6.4, 5). Paul allait jusqu'à présenter ses souffrances comme des références ou comme ses qualifications (2 Co 11.21-33 ; 1 Th 2.1-4 ; 2 Tm 3.10-12). Il était prêt à être « persécuté pour la croix du Christ » (Ga 5.11 ; 6.12). C'est souvent au travers d'une lutte obscure et solitaire qu'émerge la foi :

Ce n'est pas depuis une chaire mais depuis une croix que sont prononcées des paroles remplies de puissance. Il faut que les sermons soient vus autant qu'entendus pour avoir de l'effet. L'éloquence, le talent homilétique, la connaissance biblique ne sont pas suffisants. L'angoisse, la souffrance, l'engagement, la

---

5. James Black, *The Mystery of Preaching*, 1924 ; éd. révisée, Londres, Marshall, Morgan & Scott, 1977.

sueur et le sang marquent les vérités énoncées que les hommes écouteront.[6]

La sincérité dans les attitudes

Ceci est probablement le meilleur contexte dans lequel il convient de mentionner brièvement les aspects pratiques en matière de voix et de gestuelle. Cela n'a pas vocation à être répété, car un prédicateur n'est pas un acteur, et la chaire n'est pas une scène de théâtre. Un acteur est conscient de lui-même, tandis qu'à la chaire ce qui importe, c'est une sincérité qui s'oublie. Notre présentation doit couler naturellement de notre désir sincère de laisser Dieu s'exprimer à travers nous. Nous devons nous concentrer sur le fait de cultiver une conscience croissante de Dieu et des personnes à qui nous nous adressons. Cela nous aidera à la fois à être nous-mêmes et à nous oublier nous-mêmes !

Cela dit, il peut être appréciable de demander à un ami de faire des commentaires sur notre voix et sur notre gestuelle. C'est ce que j'ai fait quand j'ai commencé à prêcher. J'ai obtenu un retour de deux amis qui étaient étudiants en médecine (et qui étaient donc formés à l'art de l'observation).[7] Bien que je me souvienne avoir été secoué par une partie de ce qu'ils avaient dit, leurs critiques étaient toujours de grande valeur. Les collègues aussi peuvent être sollicités pour recueillir leurs impressions. Elles peuvent quelquefois être données par un groupe pouvant comporter des membres de l'assemblée qui ne sont pas prédicateurs. Ces évaluations doivent prendre en compte la façon dont nous parlons, nos gestes, la manière de nous exprimer et nos façons de faire, tout comme le contenu du sermon, la façon dont nous utilisons l'Écriture, la clarté avec laquelle nous présentons notre pensée maîtresse et notre objectif, la structure, les termes et les illustrations employés, notre introduction et notre conclusion. Les clubs de prédicateurs peuvent également fournir

---

6. Colin Morris, *The Word and the Words*, Londres, Epworth, 1975, p.34, 35.

7. L'un de ces amis était Tony Waterson, qui devint professeur de virologie à la Royal Post-graduate Medical School, à Hammersmith. Il est assez modeste pour dire que, à la réflexion, ses commentaires étaient « probablement impertinents, irréfléchis et immatures », et qu'ils concernaient des techniques de structure et d'expression plutôt que les questions importantes consistant à savoir si Dieu donnait son onction au message, si Jésus était exalté, et si les gens en recevaient des bénédictions. Mais je pense qu'il sous-estime l'aide qu'il m'a apportée et le défi qu'il m'a posé.

un retour, et ils peuvent nous aider en repérant aussi les faiblesses de notre préparation.

La conviction

La conviction se situe un cran au-dessus de la sincérité. Être sincère, c'est *penser* ce qu'on dit et *faire* ce qu'on dit ; être convaincu, c'est aussi *ressentir* ce qu'on dit. La conviction est le sentiment profond qui est essentiel à la prédication. « Personne ne peut être un grand prédicateur sans une grande sensibilité », a écrit James W. Alexander, de Princeton.[8] Ailleurs, il dit : « c'est un fait d'observation universelle qu'un orateur qui remue des sentiments profonds doit en avoir lui-même ».[9]

Traiter de questions de vie et de mort éternelles comme si on parlait de la pluie et du beau temps, c'est inexcusable. Comment peut-on délivrer un message solennel d'une manière aussi légère, ou bien se référer aux destinées éternelles d'hommes et de femmes comme si on discutait du lieu où ils vont passer leurs vacances d'été ? Les chrétiens sérieux ont des convictions. Ils se soucient de Dieu, de sa gloire et du Christ. Lorsque Paul était à Athènes, il était « exaspéré » parce qu'il voyait cette ville asphyxiée par les idoles, il était irrité par l'idolâtrie, et il défendait l'honneur du Dieu unique, vivant et vrai (Ac 17.16). Et quand il parle aux Philippiens de « beaucoup qui se comportent en ennemis de la croix du Christ », il ne peut le faire qu'« en pleurant » (Ph 3.18). La pensée que des gens se reposent sur leur propre justice plutôt que sur le Christ, et qu'ils se laissent aller au lieu de viser à la sainteté, cela le fait pleurer.

Nous devons aussi nous soucier des gens dans leur perdition. Jésus a pleuré sur la ville de Jérusalem parce que ses habitants rejetaient son amour et ne se rendaient pas compte de ce qui était le meilleur pour eux (Mt 23.37 ; Lc 19.41, 42). Pour Paul, prêcher et pleurer allaient de pair. À Éphèse, dit-il, « pendant trois ans, je n'ai cessé nuit et jour, avec larmes, d'avertir chacun de vous » (Ac 20.31 ; voir aussi. v.19, 37). Et les larmes n'ont pas cessé avec le Nouveau Testament. Des évangélistes chrétiens, apportant la bonne nouvelle du salut, mais redoutant que certains la

---

8. James W. Alexander, *Thoughts on Preaching*, 1864, Edimbourg, Banner of Truth, 1975, p.20.
9. John A. Broadus, *On the Preparation and Delivery of Sermons*, 1870, éd. révisée, New York, Harper, 1944, p.218.

rejettent et se condamnent ainsi à l'enfer, ont toujours été au bord des larmes. D. L. Moody « ne pouvait jamais parler d'une âme perdue sans avoir les larmes aux yeux ».[10] Quand George Whitefield prêchait, les gens se rendaient toujours compte qu'il les aimait :

> Ses larmes (et il était rare qu'il arrivât à prononcer un sermon sans pleurer) n'avaient rien de factice. « Vous me reprochez de pleurer, disait-il, mais comment pourrais-je m'en empêcher alors que vous ne voulez pas pleurer sur vous-mêmes, bien que vos âmes immortelles soient au bord de la destruction et que, pour autant que je le sache, vous entendez votre dernier sermon et n'aurez peut-être plus jamais une autre chance qu'on vous offre le Christ. »[11]

Je me retrouve constamment en train de souhaiter que nous, les prédicateurs, puissions réapprendre à pleurer. Beaucoup d'éléments semblent nous empêcher de nous lamenter sur les pécheurs qui se perdent sur la voie large qui mène à la destruction. Certains prédicateurs sont tellement emballés par la célébration joyeuse du salut qu'ils ne pensent jamais à pleurer sur ceux qui le rejettent. D'autres ont été égarés par le mensonge diabolique de l'universalisme : à la fin, tout le monde sera sauvé, disent-ils, et personne ne sera perdu. Leurs yeux sont secs parce qu'ils les ont fermés à la réalité épouvantable de la mort éternelle et des ténèbres du dehors dont Jésus aussi bien que ses disciples ont parlé. D'autres, fidèlement, avertissent les pécheurs contre l'enfer, mais ils le font superficiellement ou avec un malin plaisir. C'est presque plus terrible que la cécité de ceux qui en méconnaissent ou en nient la réalité.

Une assemblée apprend le sérieux de l'Évangile par le sérieux avec lequel ses pasteurs le prêchent. « Nous ne devons pas parler à nos congrégations, disait Spurgeon à ses étudiants, comme si nous étions à moitié endormis. Notre prédication ne saurait être un ronflement articulé. »[12] Une chose est certaine : si nous-mêmes nous nous endormons sur notre message, on se demande comment nos auditeurs pourraient rester éveillés.

---

10. David Smith sur 2 Jean 12 dans *the Expositor's Greek Testament*.
11. Pollock, *George Whitefield*, p.263.
12. Spurgeon, *Lectures to My Students*, Deuxième Série, p.46.

La tête et le cœur

Le Nouveau Testament indique clairement que la combinaison de l'intellect (la tête) et du cœur, du rationnel et de l'émotionnel peut amener nos auditeurs à la foi et à l'obéissance. Paul raisonnait et débattait avec les gens, recourant aux Écritures par la puissance du Saint-Esprit pour essayer de les orienter vers Dieu. Mais il pleurait aussi sur eux, comme son Maître avant lui.

Regardez comment il associe enseignement et supplication dans ses lettres. 2 Corinthiens 5 contient l'une des explications essentielles de la doctrine de la réconciliation dans le Nouveau Testament. Paul explique que « Dieu qui en Christ réconciliait le monde avec lui–même » (TOB), et cela « sans tenir compte aux humains de leurs fautes », et que pour nous, le Christ, « celui qui n'a pas connu le péché, il l'a fait pour nous péché, afin qu'en lui nous devenions justice de Dieu » (v.19-21). Ici se trouvent fermement assemblées les vérités relatives aux actions de Dieu, au Christ et à sa croix, au péché, à la réconciliation et à la justice : tout ce que les commentateurs peinent encore à déballer et à expliquer. Néanmoins, Paul ne se contente pas d'énoncer une déclaration théologique profonde. Il dépasse le fait de la réconciliation pour en venir au message de la réconciliation, il dépasse ce que Dieu a fait en Christ pour en venir à ce qu'il fait en nous aujourd'hui. Il est un ambassadeur de Dieu, suppliant ses lecteurs : « Soyez réconciliés avec Dieu ! » (v.20). Il ne s'en tient pas à l'enseignement, mais il prolonge avec l'appel. Mais l'appel n'intervient qu'après l'enseignement et l'explication de la vérité.

Certains prédicateurs ne redoutent pas le recours à l'émotion ; ils font des appels interminables à la décision ou à la conversion. En réalité, leurs sermons ne sont parfois qu'un seul et long appel. Pourtant, leurs auditeurs sont déroutés, parce qu'ils n'ont pas compris (ou l'on ne les a pas aidés à comprendre) la nature ou la base de l'appel. Demander une décision sans base doctrinale est une offense contre l'humanité, car cela laisse penser à une manipulation vide de sens.

D'autres prédicateurs commettent l'erreur inverse. Ils expliquent avec précision les points de doctrine centraux. Ils sont fidèles au contenu de l'Écriture. Ils l'expliquent clairement et en appliquent les leçons au monde d'aujourd'hui. Pourtant, ils apparaissent quelque peu froids et distants. Leur voix ne se fait pas pressante, et on ne voit jamais aucune larme dans leurs yeux. Ils n'imagineraient jamais se pencher sur leur pupitre pour implorer les pécheurs de se repentir au nom du Christ, de venir à lui et d'être réconciliés avec Dieu.

Ce qui nous manque aujourd'hui, c'est cet alliage de raison et d'émotion, d'enseignement et de persuasion qu'il y avait chez Paul. J. W. Alexander plaide pour « une prédication théologique ». Ce qui intéresse les gens, dit-il, c'est « une argumentation percutante et actuelle ».[13] Un prédicateur britannique du xxᵉ siècle qui allait dans le même sens était le Dr. Campbell Morgan, ministre de Westminster Chapel, à Londres. Les trois fondamentaux d'un sermon, disait-il à ses étudiants, sont « la vérité, la clarté et la passion ».[14] Il racontait l'histoire d'un prédicateur qui demandait à un grand acteur comment il pouvait attirer des foules si grandes avec de la fiction, alors que lui-même prêchait la vérité sans attirer personne. « C'est très simple, répondit l'acteur. Je présente ma fiction comme si c'était la vérité ; mais vous, vous présentez votre vérité comme si c'était de la fiction. »[15]

Le Dr. Martyn Lloyd-Jones partageait cette même conviction :

> La logique en feu ! Des raisonnements éloquents ! Sont-ce là des contradictions ? Bien sûr que non. Les raisonnements expliquant une vérité devraient être puissamment éloquents, comme on le voit chez l'apôtre Paul et d'autres. C'est la théologie en feu. Et une théologie qui ne prend pas feu, je l'affirme, c'est une théologie déficiente, ou du moins la compréhension qu'en a cet homme est déficiente. La prédication, c'est la théologie qui passe au travers d'un homme qui est en feu.[16]

Il faut se souvenir que le Saint-Esprit est à la fois « l'Esprit de vérité » et celui qui apparaît le jour de la Pentecôte sous forme de « langues de feu ». Étant donné qu'en lui les deux ne sont pas séparés, ils ne seront pas séparés non plus chez le chrétien rempli de l'Esprit. À partir du moment où nous lui laissons toute liberté, à la fois dans la préparation et dans le prononcé de nos sermons, la lumière et le feu, la vérité et la passion seront réunifiées.

Il faut encore se souvenir de l'expérience des deux disciples avec qui Jésus marchait en direction d'Emmaüs au premier soir de Pâques.

---

13. Alexander, *Thoughts on Preaching*, p.25.
14. G. C. Morgan, *Preaching*, 1937, réimpr. Grand Rapids, Baker, 1974, p.14,15.
15. Ibid., p.36.
16. Lloyd-Jones, *Preaching*, p.97.

Quand il disparut, ils se dirent l'un à l'autre : « Notre cœur ne brûlait-il pas en nous, lorsqu'il nous parlait en chemin et nous ouvrait le sens des Écritures ? » (Lc 24.32 NBS). Ils en étaient profondément bouleversés. Le feu avait commencé à brûler en eux alors qu'ils saisissaient des vérités nouvelles. C'est encore la vérité – la vérité centrée sur le Christ, la vérité biblique – qui met le cœur en feu.

L'humour en chaire

À première vue, le sérieux et l'humour peuvent paraître contradictoires. Cependant, la question n'est pas si simple. Jésus a recouru à l'humour dans son enseignement, par exemple lorsqu'il parle des gens « qui [retiennent] au filtre le moucheron et qui [avalent] le chameau » (cf. Mt 23.24) :

> Combien d'entre nous avons tenté d'imaginer ce qui se passait lorsque le Pharisien avalait un chameau ? Ou de penser à ce qu'il pouvait ressentir en avalant une telle amplitude d'anatomie animale ? Le long cou poilu qui descend dans sa gorge, la bosse – deux bosses – descend elle aussi, puis les jambes, les genoux et les pieds… Et le Pharisien ne s'en rend même pas compte ! Il avalait un chameau ! Et il ne s'en rendait pas compte.[17]

Encore faut-il que l'humour soit utilisé avec sagesse, au bon endroit et au bon moment. « Le but évident de l'humour du Christ est de clarifier et d'accroître la compréhension, et non de blesser. Peut-être est-il inévitable de blesser un peu, surtout quand… l'orgueil humain est ridiculisé, mais le but manifeste est autre chose que de faire mal… La vérité, et elle seule, est la fin recherchée. »[18]

Il ne faut jamais plaisanter sur des sujets sérieux. Mais l'humour peut être utilisé pour soulager la tension, afin que les gens puissent se détendre avant de se concentrer à nouveau. Il peut servir à briser les défenses des gens, à les éloigner de l'obstination et de la rébellion pour les rendre réceptifs. Enfin, il peut nous aider à rire de nous-mêmes et nous faire honte pour nous amener à la repentance. Comme le dit James Aggrey, l'un des fondateurs de Achimota College au Ghana, « je leur fais ouvrir

---

17. T. R. Glover, *The Jesus of History*, 1917, Hodder & Stoughton, 1965, p.44.
18. Elton Trueblood, *The Humour of Christ*, Harper & Row, 1964 ; Darton, Longman & Todd, 1965, p.49-53.

la bouche pour rire, et je leur fais avaler la vérité. »[19] Ou, pour le dire autrement : « après les rires à grands éclats, la voix paisible et douce ».[20]

Conclusion

La sincérité et la conviction ne peuvent pas être arborées comme les décors sur l'arbre de Noël. Elles sont le fruit de l'Esprit. Elles caractérisent une personne qui croit et qui ressent ce qu'elle dit. « L'homme, l'homme tout entier, se trouve derrière le sermon. La prédication n'est pas la performance d'une heure. C'est le produit d'une vie toute entière. Il faut vingt ans pour faire un sermon, parce qu'il faut vingt ans pour faire un homme. »[21]

James Black ne dit pas autre chose : « la meilleure prédication est toujours le débordement naturel d'un esprit mûr et l'expression d'une expérience croissante. Un bon sermon n'est jamais une chose qu'on mène rondement mais une chose qu'on mène à fond. »[22] J'aime ces deux mots : « produit » et « débordement ». La véritable prédication n'est jamais une activité superficielle ; elle jaillit des profondeurs. Sans le jaillissement de la vie du Saint-Esprit en nous, les fleuves d'eau vive ne peuvent jamais couler de l'intérieur de nous-mêmes. C'est du trop-plein du cœur que parle la bouche (Jn 4.14 ; 7.37-39 ; Mt 12.34).

---

19. Josephine Kamm, *Men Who Served Africa*, Londres, Harrap, 1957, p.154.
20. Christophe Morley, cité par Luccock, *In the Minister's Workshop*, p.192.
21. E. M. Bounds, *Power Through Prayer*, Londres, Marshall, Morgan & Scott, 1912, p.11. Voir aussi Al Martin, *What's Wrong with Preaching Today ?*, Edimbourg, Banner of Truth, 1968.
22. James Black, *The Mystery of Preaching*, the 1923 Warrack and Sprunt Lectures, 1924 ; éd. révisée Marshall, Morgan & Scott, 1977, p.37.

7

COURAGE ET HUMILITÉ

Il existe un besoin urgent de prédicateurs courageux qui, à l'instar des apôtres, soient « remplis du Saint Esprit » et disent « la parole de Dieu avec assurance » (Ac 4.31 ; voir aussi. v.13). Ceux qui cherchent à plaire aux hommes[1] ou à meubler le temps ne font jamais de bons prédicateurs. Nous sommes appelés à la sainte tâche d'expliquer et de faire comprendre la Bible. Et nous sommes désignés pour proclamer ce que Dieu a dit, et non ce que les gens veulent entendre.

Beaucoup de membres de nos églises « détournent leurs oreilles de la vérité » et, « avec une démangeaison d'écouter, ils se donneront maîtres sur maîtres » (cf. 2 Tm 4.3, 4). Mais nous n'avons pas à gratter leurs démangeaisons ni à les caresser dans le sens du poil. Nous sommes appelés à être comme Paul qui, par deux fois, a rappelé aux Éphésiens : « je vous ai annoncé et enseigné tout ce qui était utile », proclamant « tout le dessein de Dieu, sans rien dissimuler » (Ac 20.20, 27). Nous devons faire attention à ne pas choisir des textes et des sujets propres à satisfaire nos envies ou nos aversions, ou encore la dernière mode. « Les gens sont détournés de l'église… non pas tant par une vérité austère qui les met mal à l'aise que par des banalités insignifiantes qui n'attirent que leur mépris. »[2] Néanmoins, beaucoup de prédicateurs se laissent prendre au piège de la crainte (Pr 29.25). Une fois piégé, on n'est plus libre ; on est devenu le serviteur de l'opinion publique.

---

1. Voir la correspondance de Calvin avec du Tillet : « Je n'ai point cherché de plaire ». Jean Calvin, sous dir. Francis Higman et Bernard Roussel, *Œuvres*, Gallimard, Pléiade, 2009 (NdT).

2. George Buttrick, *Jesus Came Preaching: Christian Preaching in the New Age*, the 1931 Yale Lectures, New York, Scribner, 1931, p.133.

La tradition de la prédication courageuse

Des prédicateurs courageux, il y en a eu beaucoup. Moïse entendit la parole de Dieu, y crut, y obéit et l'enseigna, en dépit de l'opposition et de la solitude qui en découlent. Élie se dressa seul pour combattre en faveur de la vérité religieuse et de la justice sociale, il défia les prophètes de Baal et condamna le roi et la reine pour le meurtre de Naboth. Nathan eut le cran d'affronter le roi David au sujet de son adultère avec Bethsabée et du meurtre de son mari. Amos parla contre le mal instauré dans le sanctuaire du roi à Béthel, et il prédit un sort tragique à Amatsia qui essayait de le réduire au silence. Jérémie, malgré son patriotisme, fut accusé de haïr son propre pays parce qu'il transmettait fidèlement les paroles de Dieu.

Dans cette tradition de courage, figure la personne de Jean-Baptiste. Jean ne fut ni un roseau balayé par l'opinion publique ni un aristocrate satisfaisant ses désirs personnels ; c'était un vrai prophète, dirigé par la parole de Dieu (Mt 11.7-11). Son courage lui coûta la vie. Il fut le dernier de la longue lignée de prophètes qu'Israël avait rejetés et assassinés (Mt 23.29-36 ; Ac 7.52) avant d'assassiner son Messie et de s'opposer à ses apôtres (1 Th 2.15).

Jésus lui-même parla sans crainte. Vers la fin de sa vie, c'est ce que reconnaissaient les disciples des pharisiens : « Maître, lui dirent–ils, nous savons que tu es véridique, et que tu enseignes la voie de Dieu en toute vérité, sans redouter personne, car tu ne regardes pas à l'apparence des hommes » (Mt 22.16). Il n'est pas surprenant que sa popularité en Galilée ait duré à peine un an, ni que les autorités aient décidé de le supprimer.

Jésus avertit ses adeptes que si le maître est persécuté, ses disciples le seront aussi. Et c'est ce qui arriva, comme résultat direct de la hardiesse de leur témoignage au Christ. Pierre et Jean furent emprisonnés. Étienne et Jean furent martyrisés. Paul souffrit énormément. En prison, Paul écrivit en demandant à ses amis de prier pour que lui soient donnés les mots afin qu'il parle de l'Évangile avec assurance (Cf. Ep 6.19, 20). Au lieu de le faire taire, sa détention lui donna de nouvelles occasions de témoigner courageusement. Le livre des Actes se clôt sur Paul qui est assigné à domicile à Rome, continuant à recevoir tous ceux qui lui rendaient visite, et continuant à prêcher et à enseigner « avec une entière assurance, sans empêchement » (Ac 28.30, 31).

Cette tradition de témoignage courageux et de la souffrance qui en résulte s'est poursuivie tout au long de l'histoire de l'Église. Au IVᵉ siècle, Jean Chrysostome prêchait avec beaucoup de puissance et de courage, d'abord à Antioche et ensuite pendant six ans comme archevêque de Constantinople, jusqu'à ce qu'il offensât l'impératrice et fût banni. Vaillamment, il éleva la voix contre les maux de la cité, et « adressa sans crainte ni favoritisme des reproches à toutes les classes et à toutes les conditions humaines ».[3] John Wycliffe, le précurseur de la Réforme anglaise, s'opposa aux dirigeants de l'Église, critiquant leur mondanité, la corruption du pape et l'erreur de la transsubstantiation. Il fut mis en procès plusieurs fois, mais ses amis le défendirent et il échappa à la condamnation. Cependant, plusieurs de ses adeptes furent brûlés comme hérétiques. On prête à Luther ces propos : « Celui qui veut faire son devoir de prédicateur... doit dénoncer quiconque doit être dénoncé, grand ou petit, riche, pauvre ou puissant, ami ou adversaire ».[4]

Le Réformateur écossais John Knox était d'une constitution faible, mais il était d'une nature enflammée et s'exprimait énergiquement. Après son retour en Écosse en 1559, sa prédication courageuse encouragea les Écossais qui appelaient de leurs vœux une église réformée. Convoqué devant la reine, qu'il avait offensée par sa prédication, il lui dit : « (En chaire) je ne suis pas mon propre maître, mais je dois obéir à celui qui m'ordonne de parler clairement et de ne flatter aucune chair sur la face de la terre. »[5]

Au XXᵉ siècle, il y eut beaucoup de prédicateurs courageux qui, dans le monde entier, refusèrent d'infléchir leur message pour le rendre plus populaire. Entre autres, l'archevêque Janani Luwum en Ouganda, qui fut assassiné en 1977 pour avoir dénoncé les excès d'Idi Amin Dada. On peut encore citer Martin Luther King Senior, le père du leader noir des droits civiques assassiné aux États-Unis, qu'on décrit comme « un homme imposant, physiquement et spirituellement. Il se tient fort et massif dans sa chaire, ne redoutant aucun homme, blanc ou noir, disant les choses comme elles sont, prêchant la parole à sa congrégation et lui dispensant son amour débordant. »[6]

---

3. Dargan, *A History of Preaching*, t.1, p.90.

4. Luther, *Works*, t.21, p.201-202.

5. Elizabeth Whitley, *Plain Mr Knox*, Scottish Reformation Society, 1960, p.199,235.

6. Coretta Scott King, *My Life with Martin Luther King, Jr*, New York, Holt, Rinehart, and Winston, 1969, p.18.

Réconforter et déranger

Comme les prophètes, les prédicateurs croient qu'ils apportent une parole de la part de Dieu et qu'ils ne sont pas libres de la changer. En conséquence, tous les prédicateurs ont, à un moment ou un autre, à choisir ou bien la vérité avec l'impopularité, ou bien l'erreur avec la popularité.

L'Évangile continue à provoquer, et aucun individu qui le prêche fidèlement ne peut s'attendre à éviter toute opposition. Nos contemporains sont allergiques à l'exclusivisme du christianisme, et ils sont allergiques à l'humiliation d'être incapables d'atteindre Dieu par leur propre sagesse ou par leur propre bonté. Depuis sa croix, c'est comme si le Christ leur disait : « C'est à cause de toi que je suis ici. Si ce n'était pas à cause de ton péché et de ton orgueil, je ne serais pas ici. Et si tu pouvais te sauver tout seul, je ne serais pas là non plus. » Le pèlerinage chrétien commence avec la tête inclinée et les genoux fléchis devant la croix ; il n'est pas d'autre voie d'accès au royaume de Dieu.

Vers la fin de son ministère, Alexander Whyte affronta une crise sur ce problème précis. Il savait que certains trouvaient qu'il en faisait trop sur le péché, et il fut tenté d'adoucir cet aspect de sa prédication. Mais un jour, alors qu'il marchait :

> Ce qui me parut être une voix divine parla avec un pouvoir impérieux à ma conscience, et me dit d'une manière on ne peut plus claire : « Non ! Continue, et ne lâche rien ! Retourne-y pour aller finir résolument le travail qui t'a été confié. Parle ouvertement et ne crains rien. Amène-les à tout prix à se voir dans la sainte loi de Dieu comme dans un miroir. Fais-le, car personne d'autre ne le fera à ta place. Personne d'autre ne risquera sa vie et sa réputation au point de faire cela. Et sur les deux tableaux, tu n'as plus grand-chose à perdre. Retourne chez toi et passe ce qui te reste de vie à la tâche qui t'est dévolue, pour montrer à mon peuple son péché et le besoin qu'il a de mon salut. »

C'est ce qu'il fit, avec « l'autorité et l'encouragement renouvelés » que lui avaient donnés cette vision céleste.[7]

---

7. Nicoll, *Princes*, p.320.

Les prédicateurs ne peuvent échapper à ce devoir de déranger leurs auditeurs. Nous savons que le Christ a dispensé de nombreuses paroles de réconfort, dont certaines sont redites lors de la célébration de la Cène. Mais il n'a pas dit que des paroles réconfortantes ; certaines étaient profondément dérangeantes. Nous devons être comme lui et prêcher sur la colère de Dieu aussi bien que sur son amour, sa grâce et sa miséricorde ; sur le jugement aussi bien que sur le salut ; sur l'enfer aussi bien que sur le ciel ; sur la mort sans le Christ aussi bien que sur la résurrection avec lui ; sur la repentance aussi bien que sur la foi ; sur le Christ comme Seigneur aussi bien que le Christ comme Sauveur ; sur le coût de la vie de disciple aussi bien que sur ses rétributions ; sur le renoncement à soi-même comme chemin de la découverte de soi-même ; et sur le joug de l'autorité du Christ sous lequel nous trouvons le repos.

Enseignons-nous fidèlement ce que les apôtres enseignaient sur les relations entre maris et femmes, entre parents et enfants, entre maîtres et esclaves ? Faisons-nous remarquer que la convoitise est de l'idolâtrie, que la richesse est dangereuse, et que les chrétiens sont appelés à prendre soin les uns des autres ? Insistons-nous pour dire que le mariage hétérosexuel à vie est le choix de Dieu pour l'épanouissement sexuel ; que le divorce (même s'il est parfois permis à cause de la nature pécheresse de l'homme) n'est jamais l'idéal de Dieu ? Prêchons-nous que l'adultère et l'immoralité hétérosexuels, mais aussi les pratiques homosexuelles, sont contraires à sa volonté ? Nos auditeurs savent-ils que Dieu a créé le travail afin de nous permettre d'être partenaires avec lui, de servir les autres et de connaître la réalisation de soi-même, et que le chômage est une tragédie ?

Cela dit, plus nous trouvons indispensable, dans cette époque pécheresse, de prêcher sur le jugement de Dieu, plus il nous faut également faire ressortir sa miséricorde envers les pécheurs. Jésus s'est exprimé avec véhémence contre l'hypocrisie des scribes et des pharisiens, et pourtant on l'appelait l'ami des pécheurs. Les pécheurs s'assemblaient nombreux autour de lui et l'écoutaient avec joie. Il les invitait à venir à lui avec leurs fardeaux et il leur promettait de leur donner du repos. Il accepta l'affection d'une prostituée pardonnée, et il dit à la femme prise en flagrant délit d'adultère : « Moi non plus je ne te condamne pas ; va, et désormais ne pèche plus » (Jn 8.11).

Il est significatif que Paul ait exhorté les Corinthiens « par la douceur et la bienveillance du Christ » (2 Co 10.1). Cela ne l'empêchait pas d'attendre des églises qu'elles disciplinent les fauteurs de troubles et même qu'elles excommunient ceux qui ne se repentaient pas. Il est évident qu'il ne trouvait aucun plaisir à cela. D'ailleurs, il se comparait à une mère qui prend soin de ses enfants et à un père affectueux (1 Th 2.7, 11).

Tout pasteur chrétien devrait aujourd'hui éprouver les mêmes sentiments de tendresse envers ceux qui ont été confiés à ses soins. Quand nous leur parlons tous les dimanches, nous connaissons certains des fardeaux qu'ils portent. Quand nous regardons leurs visages, nous savons que presque tous ont été blessés par la vie. Nous savons qu'ils sont sous la pression de la tentation, du découragement, de la dépression, de la solitude ou du désespoir. S'il est vrai que certains doivent être bousculés dans leur autosatisfaction, d'autres ont besoin avant toute chose du réconfort de l'amour de Dieu.

Nous devons prier pour avoir la sensibilité de trouver l'équilibre juste de façon à pouvoir « perturber ceux qui sont à l'aise et mettre à l'aise ceux qui sont perturbés ».[8] Comme John Newton, l'esclavagiste converti, nous devons viser à « briser un cœur dur et à guérir un cœur brisé ».[9]

La valeur des prédications en série

Puisqu'il faut du courage pour traiter certaines questions, je recommande les prédications en série. Il s'agit de prêcher progressivement et de manière suivie sur un livre de la Bible tout entier ou sur une partie d'un livre, verset par verset ou paragraphe par paragraphe. Cette approche nous force à étudier des passages sur lesquels nous pourrions passer sans les remarquer, voire que nous pourrions délibérément éviter.

Je me souviens avoir prêché sur tout le Sermon sur la montagne et en être arrivé à Matthieu 5.31, 32, où le Seigneur aborde le thème du divorce. Bien qu'ayant été dans le ministère pastoral pendant vingt-cinq ans, à ma grande honte je n'avais jamais prêché sur ce sujet malgré le fait qu'il s'agisse aujourd'hui d'une question essentielle. Certes, j'aurais pu

---

8. Chad Walsh, *Campus Gods on Trial*, New York, Macmillan, 1962, p.95.
9. John C. Pollock, *Amazing Grace*, Hodder & Stoughton, 1981, p.155. Le titre de l'ouvrage est aussi celui de l'hymne très célèbre dont l'auteur n'est autre que John Newton (NdT).

me trouver pas mal d'excuses. « C'est un sujet très complexe, et je n'ai pas la compétence nécessaire. » « C'est aussi un sujet très polémique, et je ne veux pas créer de l'agitation. » « Immanquablement, j'offenserais quelqu'un. » Mais voilà que je pilotais la congrégation à travers le Sermon sur la montagne, et je ne pouvais pas me défiler devant les versets 31 et 32. Non, il fallait que je fasse ce que j'avais si longtemps négligé : passer des heures à les étudier et à y réfléchir avant de prêcher dessus.

Un deuxième avantage de cette approche de la prédication, c'est que les gens ne chercheront pas à savoir pourquoi on a choisi tel texte pour ce dimanche en particulier. Si j'avais brusquement prêché sur le divorce, les membres de l'église se seraient demandé : « Qui est-ce qu'il vise aujourd'hui ? » Mais, puisqu'ils savaient que ces versets étaient les prochains sur lesquels je prêcherais dans ce chapitre, leur attention n'était pas détournée par ce genre de questions.

Le troisième avantage est probablement le plus grand : cela façonne la manière de lire la Bible. Ce dévoilement profond, méthodique, d'une large partie de l'Écriture élargit la réflexion des gens, les familiarise avec certains des thèmes majeurs de la Bible, et leur montre comment interpréter l'Écriture par l'Écriture. Voici l'explication de P. T. Forsyth :

> Nous devons nous garder de la subjectivité [du prédicateur], de ses digressions, de sa monotonie, de ses limites. Plus encore, nous devons le protéger, lui, du péril de se prêcher lui-même ou de prêcher son époque. Nous devons prêcher *pour* notre époque, mais malheur à nous si c'est notre époque que nous prêchons, et si nous ne faisons que tenir le miroir à notre temps.[10]

Il souligne que l'une des tâches du prédicateur consiste à sauver la Bible de l'approche qui…

> …la réduit à des « coupures de presse » religieuses, et qui ne l'utilise que par versets et par expressions… Il doit plutôt cultiver le traitement libre, vaste et organique de la Bible, où chaque partie est extrêmement précieuse en raison de sa contribution à un ensemble vivant et évangélique, et où cet ensemble est amarré au vaste mouvement de l'histoire humaine.[11]

---

10. Forsyth, *Positive Preaching*, p.5.
11. Forsyth, *Positive Preaching*, p.19.

Pour la santé de l'Église, qui vit et croît par la parole de Dieu, et pour le bien du prédicateur qui a besoin de cette discipline, nous devons revenir à la pratique de la prédication en série. Ce faisant, nous devons néanmoins tenir le plus grand compte de notre auditoire et ne pas lui faire ingurgiter plus que ce qu'il peut avaler. Ce ne sont pas toutes les assemblées qui sont assez mûres spirituellement ou assez demandeuses pour digérer de longs enseignements de ce type sur plusieurs mois. Mais si nous prenons un paragraphe (ou quelques paragraphes, voire un chapitre) et si nous l'explorons sur quelques semaines ou quelques mois, nos auditeurs seront bien nourris, tout en apprenant comment étudier les Écritures par eux-mêmes. Et nous, les prédicateurs, nous acquerrons le courage nécessaire pour enseigner et faire découvrir toute l'étendue de la sagesse de Dieu.

L'humilité

Malheureusement, notre résolution à être courageux à la chaire peut donner lieu à l'arrogance et à l'obstination. Nous pouvons parler avec franchise mais gâcher cela en tirant orgueil de notre courage. L'orgueil est un problème important pour tout prédicateur et il en a détruit beaucoup, rendant leur ministère impuissant.

Chez certains, c'est flagrant. On dirait presque qu'ils répètent les paroles fanfaronnes de Nabuchodonosor : « N'est-ce pas là Babylone la Grande, que j'ai bâtie comme résidence royale, par la puissance de ma force et pour l'honneur de ma gloire ? » (cf. Dn 4.28-37). « Plaise à Dieu, dit Henry Ward Beecher, que ces prédicateurs puissent, comme Nabuchodonosor, aller manger de l'herbe pour un temps si, comme lui, ils en reviennent sains d'esprits et humbles. »[12]

Chez d'autres prédicateurs, cependant, l'orgueil est plus indirect, plus trompeur, et plus perturbant. Il est possible de paraître humble tout en recherchant constamment les compliments. Au moment même où nous sommes en train de glorifier le Christ, nous pouvons en réalité rechercher notre propre gloire. Lorsque nous incitons la congrégation à louer Dieu, ou même lorsque nous la conduisons dans la louange,

---

12. Beecher, *Popular Lectures*, p.249, en référence à l'incident raconté en Dn 4.28-37.

nous sommes capables d'espérer secrètement qu'elle réservera un petit morceau de louange pour nous. Il nous faut crier avec Baxter : « Oh ! quel inséparable compagnon, quel directeur tyrannique, quel ennemi pervers, subtil et suggestif est le péché d'orgueil ! »[13]

Il faut combattre cet ennemi. Une façon de le faire consiste à se souvenir que par-dessus tout, l'humilité c'est ceci : « que tu marches humblement avec ton Dieu » (Mi 6.8). Il faut que nous nous rappelions notre vocation à nous soumettre à la parole de Dieu, à exalter notre Maître, et à dépendre du Saint-Esprit. Nous avons besoin de valoriser les autres plus que nous-mêmes et de les servir avec entrain (Ph 2.3, 4 ; 1 P 5.5). Cela requiert une pensée humble, des motivations humbles et une dépendance humble.

La pensée humble n'est ni fermée ni exempte d'esprit critique, mais elle sait voir ses limites. Elle fait écho au Psaume 131.1 : « Éternel ! je n'ai ni un cœur arrogant, ni des regards hautains ; je ne m'engage pas dans des questions trop grandes et trop merveilleuses pour moi ». Elle reconnaît que Dieu est omniscient et elle dit : « Une telle science est trop merveilleuse pour moi, trop élevée pour que je puisse la saisir » (Ps 139.6). La pensée humble sait que Dieu est au-delà de notre compréhension, que ses pensées et ses voies sont plus élevées que les nôtres, tout comme les cieux sont plus élevés que la terre (Es 55.8, 9). Elle se rend compte que si Dieu ne s'était pas révélé, nous ne pourrions jamais le connaître. Elle comprend que « la folie de Dieu est plus sage que les hommes » (1 Co 1.25). Nous sommes fous d'imaginer que nous pourrions connaître sa pensée par nous-mêmes… sans parler de lui apprendre quelque chose ou de lui donner des conseils (Rm 11.33, 34). En conséquence, nous ne sommes pas libres de contredire sa révélation ou de critiquer son plan de salut sur la croix qui en est le centre. Dieu dit : « Je détruirai la sagesse des sages » et, dans sa sagesse, il nous délivre à travers la « folie » de l'Évangile (1 Co 1.18-25 ; voir aussi 3.18-20). Il est donc de notre responsabilité de faire tout ce que nous pouvons, en nous-mêmes et pour les autres, pour démolir « les raisonnements et toute hauteur qui s'élèvent contre la connaissance de Dieu, et nous amenons toute pensée captive à l'obéissance au Christ » (2 Co 10.5).

Cette soumission à la révélation de Dieu en Christ a une influence sur notre manière de prêcher. Le prédicateur qui a la pensée humble refusera

---

13. Baxter, *Reformed Pastor*, p.95.

de manipuler le texte biblique afin de le rendre plus acceptable pour notre temps. Toute tentative pour *le* rendre plus acceptable ne revient en fait qu'à *me* rendre plus acceptable ou plus apprécié.

Ajouter à la parole de Dieu, c'était la faute des pharisiens, et y retrancher, c'était la faute des sadducéens. Jésus critique ces deux positions, insistant sur le fait que la parole de Dieu doit être capable de tenir toute seule, sans « plus » et sans « moins », sans élargissement ni changement, suprême et complète dans son autorité. La personne qui refuse de se soumettre à la parole de Dieu et « ne marche pas selon les saines paroles de notre Seigneur Jésus–Christ, et selon la doctrine conforme à la piété » se positionne avec celui qui est « enflé d'orgueil, il ne sait rien ». (1 Tm 6.3, 4 ; voir aussi Tt 1.9, 10). Les prédicateurs chrétiens n'ont pas à être des inventeurs de nouvelles doctrines ni des correcteurs qui effacent des doctrines anciennes. Ils ont plutôt à être de bons intendants, apportant fidèlement les vérités scripturaires au peuple de Dieu. Ils ne doivent rien ajouter à la parole de Dieu, ils ne doivent rien en soustraire. Et ils ne doivent rien mettre à sa place.

Pour étayer cela, il nous faut venir vers les Écritures quotidiennement, et nous asseoir humblement, comme Marie, aux pieds de Jésus, pour écouter sa parole. Nous devons venir dans un esprit d'attente car, ainsi que Jésus l'a dit ouvertement, Dieu dissimule ses secrets aux sages et aux intelligents, et au contraire il les révèle aux petits enfants, aux humbles, à ceux qui cherchent la vérité avec un esprit ouvert (Mt 11.25).

Une pensée humble s'accompagne ensuite de *motivations humbles*. Pourquoi prêchons-nous ? Qu'espérons-nous accomplir ? Trop souvent nos motivations sont égoïstes. Nous désirons les louanges et les compliments des hommes. Nous nous postons à la sortie du culte et nous nous délectons des remarques que nous font les uns et les autres. Il est certain que des appréciations sincères peuvent faire beaucoup pour redonner de l'élan à un pasteur découragé. Mais la flatterie superficielle est nuisible au prédicateur et elle déplaît à Dieu. Les congrégations devraient, en conséquence, être incitées à bien mesurer leurs expressions d'encouragement.

L'objectif essentiel de la prédication, c'est de faire parler le texte, d'enseigner et d'expliquer le texte biblique si fidèlement et avec une telle compétence que Jésus-Christ apparaît en mesure de répondre à tous les besoins. Le véritable prédicateur est un témoin ; il rend constamment témoignage au Christ. Mais sans humilité il ne peut ni ne veut agir ainsi.

James Denney était bien conscient de cela, aussi avait-il encadré dans la sacristie de son église écossaise les mots suivants : « Nul homme ne peut rendre témoignage au Christ et à lui-même en même temps. Nul homme ne peut donner l'impression qu'il est lui-même très habile et que le Christ est puissant pour sauver. »[14]

En d'autres termes, le sens de la prédication, c'est d'encourager une rencontre entre Dieu et les individus. Donald G. Miller le dit avec plus de force : « Nul n'a véritablement prêché tant que la rencontre bilatérale entre lui et sa congrégation n'a pas laissé place à une rencontre trilatérale, dont Dieu devient l'une des parties vivantes. »[15] Je souscris à cela. L'expérience la plus bouleversante que puisse faire un prédicateur, c'est lorsque, en plein milieu du sermon, un calme étrange descend sur l'assemblée. Les assoupis se sont réveillés, ceux qui toussent ont arrêté de tousser, et ceux qui ont la bougeotte sont bien assis. Ni les yeux ni les esprits ne s'évadent. Tout le monde écoute, mais ce n'est pas le prédicateur qu'ils écoutent. Le prédicateur est oublié, et les gens sont face à face avec le Dieu vivant, à l'écoute de sa voix calme et discrète.

Une image biblique nous éclairera sur ce point. L'Ancien Testament expliquait la relation entre Yahveh et Israël comme un mariage et, dans le Nouveau Testament, Jésus se dépeignait sous les traits du Fiancé (Mc 2.19, 20). Le rôle de Jean-Baptiste consistait à être son précurseur, envoyé devant lui, comme le garçon d'honneur à un mariage qui veut faire tout ce qu'il peut pour veiller à ce que le mariage se passe bien et que rien ne vienne s'interposer entre la fiancée et le fiancé. Comme le dit le Baptiste : « Celui qui a l'épouse, c'est l'époux ; mais l'ami de l'époux qui se tient là et qui l'entend, éprouve une grande joie à cause de la voix de l'époux ; aussi cette joie qui est la mienne est complète. Il faut qu'il croisse et que je diminue » (Jn 3.29-30). Le ministère du prédicateur est semblable à celui de Jean-Baptiste : préparer le chemin du Christ, se réjouir d'entendre sa voix, le laisser avec sa fiancée, et décroître constamment afin que le Christ puisse croître.

L'apôtre Paul a clairement perçu cela comme son ministère : « je vous ai fiancés à un seul homme, pour vous présenter au Christ comme une vierge pure », écrit-il aux Corinthiens. Il est même jaloux pour le Christ, parce que la fiancée donne des signes d'infidélité (2 Co 11.2, 3). « Nous

---

14. Ralph G. Turnbull, *A Minister's Obstacles*, 1946, Grand Rapids, Baker, 1972, p.41.

15. Donald G. Miller, *Fire in Thy Mouth*, Nashville, Abingdon, 1954, p.18.

avons à être les amis du marié, dit J. H. Jowett, gagnant les hommes non pour nous-mêmes mais pour lui, en les rapprochant du Seigneur, immensément satisfaits lorsque nous avons amené l'un vers l'autre le fiancé et la fiancée. »[16]

Enfin, nous devons manifester *une humble dépendance*. Tout prédicateur désire être efficace. Nous espérons que les gens vont écouter nos sermons, les comprendre et réagir dans la foi et l'obéissance. Mais sur quoi nous appuyons-nous pour y parvenir ?

Beaucoup s'appuient sur eux-mêmes. Ils sont forts et extravertis. Ils ont peut-être même l'esprit vif. C'est pourquoi ils font une forte impression à tous ceux qu'ils croisent car ce sont des leaders nés. Naturellement, ils espèrent utiliser ces dons au moment où ils sont en chaire. Ont-ils raison de le faire ? Oui et non. Certes, ils doivent reconnaître que ces dons viennent de Dieu. Ils n'ont pas à faire semblant de ne pas avoir ces dons, ni à essayer de les supprimer, ni à négliger de s'en servir. Mais ils ne doivent pas imaginer que même des talents accordés par Dieu peuvent amener les gens au Christ sans l'apport de la bénédiction divine.

Il faut se souvenir à la fois de la pitoyable condition spirituelle des personnes sans le Christ et de la force, de l'habileté effrayantes des puissances du mal auxquelles nous sommes confrontés. Jésus a évoqué la perdition humaine en termes d'incapacité physique. Par nous-mêmes, nous sommes aveugles à la vérité de Dieu et sourds à sa voix. Boiteux, nous sommes incapables de marcher dans ses voies. Muets, nous ne pouvons ni chanter pour lui ni parler pour lui. Et même, nous sommes morts dans nos transgressions et dans nos péchés. Nous sommes également les esclaves des forces démoniaques. Évidemment, si nous pensons que cela est exagéré ou erroné, alors nous ne verrons pas l'intérêt d'une puissance surnaturelle. Mais si réellement les gens sont spirituellement et moralement aveugles, sourds, muets, boiteux et même morts ou prisonniers de Satan, alors il est ridicule de s'imaginer que par nous-mêmes ou par notre prédication purement humaine nous pourrons les atteindre ou les secourir.

Seul Jésus-Christ peut par son Saint-Esprit ouvrir les yeux des aveugles et les oreilles des sourds, faire marcher les boiteux et parler les muets. Lui seul peut réveiller la conscience, illuminer l'esprit, enflammer le cœur,

---

16. J. H. Jowett, *The Preacher : His Life and Work*, the 1912 Yale Lectures, New York, G. H. Doran, 1912, p.24.

mettre la volonté en marche, redonner la vie aux morts et arracher les esclaves à Satan. Aussi, ce dont les prédicateurs ont le plus besoin, c'est d'être « revêtus de la puissance d'en haut » (Lc 24.49). Comme les apôtres, ils doivent prêcher l'Évangile « par le Saint-Esprit envoyé du ciel » (1 P 1.12). Alors l'Évangile parviendra aux personnes non « en paroles seulement, mais aussi avec puissance, avec l'Esprit Saint et une pleine conviction » (1 Th 1.5).

Pourquoi cette puissance fait-elle défaut dans notre prédication ? Je soupçonne fortement que la raison principale en est notre orgueil. Pour être rempli du Saint-Esprit, il faut d'abord reconnaître sa propre vacuité. Pour être utilisé par Dieu, il faut d'abord s'humilier sous sa puissante main (1 P 5.6). Pour recevoir sa puissance, il faut d'abord admettre sa propre faiblesse et accepter pleinement son état.

Cette notion de « puissance dans la faiblesse » revient sans cesse dans les lettres de Paul aux Corinthiens. Les Corinthiens étaient des gens fiers, ils se vantaient de leurs talents, de leurs réalisations et de leurs dirigeants. Paul en était horrifié ! Car ils attribuaient à Paul le respect qui revient au Christ seul. « Est-ce Paul qui a été crucifié pour vous, ou bien est-ce pour le nom de Paul que vous avez reçu le baptême ? », s'écrie-t-il, épouvanté (1 Co 1.13). « Que personne ne mette donc sa gloire dans des hommes », insiste-t-il, « que celui qui se glorifie, se glorifie dans le Seigneur » (1 Co 3.21 ; 1.31).

Sur cette toile de fond, le thème paulinien de la « puissance dans la faiblesse » ressort avec clarté. On trouve trois passages importants où il apparaît :

> Moi-même, j'étais auprès de vous dans un état de faiblesse, de crainte et de grand tremblement ; ma parole et ma prédication ne reposaient pas sur des discours persuasifs de la sagesse mais sur une démonstration d'Esprit et de puissance, *afin que* votre foi ne soit pas fondée sur la sagesse des humains, mais sur la puissance de Dieu. (1 Co 2.3-5)

> Mais nous portons ce trésor dans des vases de terre, *afin que* cette puissance supérieure soit attribuée à Dieu et non pas à nous. (2 Co 4.7)

> Et pour que je ne sois pas enflé d'orgueil, il m'a été mis une écharde dans la chair, un ange de Satan pour me souffleter,

pour que je ne sois pas enflé d'orgueil. Trois fois j'ai supplié le Seigneur de l'éloigner de moi, et il m'a dit : « Ma grâce te suffit, car ma puissance s'accomplit dans la faiblesse ». Je me glorifierai donc bien plus volontiers dans mes faiblesses, *afin que* la puissance du Christ repose sur moi. C'est pourquoi je me plais dans les faiblesses, dans les outrages, dans les privations, dans les persécutions, dans les angoisses, pour Christ ; en effet quand je suis faible, c'est alors que je suis fort (2 Co 12.7-10).

Remarquez l'emploi répété de l'expression *afin que.* Permettez-moi de reprendre les déclarations de Paul avec mes propres mots :

« J'étais avec vous dans un état de faiblesse personnelle. Je me suis donc appuyé sur la puissante démonstration de la vérité de mon message donnée par le Saint-Esprit, *afin que* votre foi puisse reposer sur la seule puissance de Dieu. »

« Nous avons le trésor de l'Évangile dans de fragiles vases d'argile (nos corps sont tout aussi faibles et fragiles) *afin qu'*il puisse être clairement perçu que la fantastique puissance qui nous permet d'aller de l'avant et qui vous a convertis provient de Dieu et non de nous-mêmes. »

« Comme Jésus m'a dit que sa puissance est rendue parfaite dans la faiblesse humaine, je me glorifierai donc joyeusement de ma faiblesse, *afin que* la puissance du Christ puisse reposer sur moi... Car c'est seulement quand je suis faible que je suis fort. »

Nous ne pouvons pas passer à côté de la signification de cette expression qui revient tout le temps, ni à côté de la conclusion vers laquelle elle nous oriente. Il a été délibérément permis que la faiblesse humaine se prolonge parce que par elle la puissance divine a pu opérer et être manifestée. Paul a reconnu que son écharde dans la chair (qu'elle soit physique ou psychologique) était un messager ou « un ange de Satan ». Mais le Seigneur Jésus-Christ a rejeté les supplications de Paul demandant qu'elle lui soit ôtée. Elle lui était donnée pour le rendre humble. La puissance du Christ a pu reposer sur lui et être rendue parfaite en lui.

Tous les prédicateurs sont des « pots de terre » ou des « vases d'argile » limités, pécheurs, faibles et imparfaits. La puissance appartient au Christ et elle se déploie par son Esprit. Les mots que nous disons dans notre faiblesse humaine, le Saint-Esprit les transporte par sa puissance dans l'esprit, le cœur, la conscience et la volonté des auditeurs.

Pensée soumise à la parole écrite de Dieu, désir de voir le Christ rencontrer son peuple, et dépendance de la puissance du Saint-Esprit : telle est l'humilité qui nous est nécessaire. Notre message doit être la parole de Dieu, pas la nôtre ; notre but la gloire du Christ, pas la nôtre ; et notre confiance repose dans la puissance du Saint-Esprit, pas dans la nôtre.

ÉPILOGUE

Ce livre a été publié à l'origine sous le titre *I Believe in Preaching* (*Je crois à la prédication*). Ce titre exprime une conviction personnelle forte. Oui, je crois à la prédication. Je crois que la prédication véritable, biblique, est l'élément qui par excellence peut restaurer la santé et l'énergie de l'Église et conduire ses membres à la maturité en Christ.

Certes, il y a des objections à cela, et j'ai essayé d'y faire face. Mais il y a des arguments théologiques favorables encore plus forts, que nous avons tenté d'exprimer. Certes, la tâche de prêcher est aujourd'hui extrêmement difficile, étant donné que nous cherchons à établir des passerelles entre la parole et le monde, entre la révélation divine et l'expérience humaine. Aussi, Dieu nous appelle-t-il de nouveau à consacrer davantage de temps à l'étude et à la préparation. Il nous appelle de nouveau à décider de prêcher avec sincérité, conviction, courage et humilité.

Le privilège est grand, la responsabilité lourde, les tentations nombreuses, et les critères élevés. Comment peut-on espérer répondre valablement ?

J'aimerais partager avec vous un secret tout simple. Je dois toujours batailler pour m'en souvenir, mais chaque fois que j'en redeviens conscient, je le trouve extrêmement utile. Il commence avec la mise au point négative faite au Psaume 139 : où que nous allions, nous ne pouvons échapper à Dieu. Mais le psaume se poursuit avec ce message positif que, où que nous soyons, « là aussi » sa main droite nous conduit et nous tient. Plus encore, son « regard bienveillant » est sur nous, et ses oreilles sont ouvertes à nos paroles et à nos prières (Ps 32.8 ; 34.15 ; 1 P 3.12). Cette vérité est importante pour chaque chrétien, mais elle est particulièrement importante pour le prédicateur, ainsi que Jérémie et Paul le confirment :

Jérémie : « ce qui sort de mes lèvres est présent devant ta face »
(Jr 17.16).

Paul : « c'est avec sincérité, c'est de la part de Dieu, devant
Dieu et en Christ que nous parlons » (2 Co 2.17).

« C'est devant Dieu, en Christ, que nous parlons » (2 Co 12.19).

Aucun doute, nous prêchons à la vue et à l'ouïe des gens, et ils nous
mettent au défi d'être fidèles. Mais ce qui est un défi encore plus grand,
c'est la conscience de prêcher à la vue et à l'ouïe de Dieu. Il voit ce que
nous faisons ; il écoute ce que nous disons. Devant lui, tous les cœurs sont
ouverts, et aucun secret ne lui demeure caché. Rien ne nous débarrassera
de la paresse, de la froideur, de l'hypocrisie, de la lâcheté et de l'orgueil
mieux que la conscience que Dieu voit, entend et prend note.

Que Dieu nous donne une conscience plus constante et plus claire de
sa présence. Dieu permette que, lorsque nous prêchons, nous devenions
encore plus conscients qu'il voit et qu'il entend ; et que le fait de le
savoir nous pousse à la fidélité !

APPENDICE 1

LA GRANDEUR DE LA PRÉDICATION: UN SURVOL HISTORIQUE

L'importance de la prédication a été reconnue tout au long de l'histoire de l'Église, comme va le montrer ce survol historique.

Jésus et ses apôtres

Les auteurs des Évangiles présentent constamment Jésus comme un prédicateur. Il se mit en route « pour enseigner et prêcher dans leurs villes » (Mt 11.1) de Galilée et de Judée (Lc 4.16-20 ; 43 ; voir aussi Mc 1.38). Il acceptait le titre de « rabbi » ou de « maître » (Jn 4.31 ; 9.2). Interrogé par le grand-prêtre, il dit avoir « parlé ouvertement au monde » et n'avoir « rien dit en secret » (Jn 18.20). Il dit à Pilate qu'il est venu « pour rendre témoignage à la vérité » (Jn 18.37).

Jésus a également envoyé ses disciples pour prêcher, initialement « vers les brebis perdues de la maison d'Israël » (Mt 10.6), et plus tard « à toutes les nations » (Lc 24.47). Les disciples lui ont obéi : « Et ils s'en allèrent prêcher partout » (Mc 16.20). Les apôtres ne se laissaient pas distraire par d'autres tâches mais ils persévéraient « dans la prière et dans le service de la Parole » (Ac 6.4). Telle est la tâche à laquelle Jésus les avait appelés.

Dans les Actes, il nous est dit que Pierre et ceux qui étaient à Jérusalem « disaient la parole de Dieu avec assurance » (Ac 4.31). Nous voyons Paul entreprendre trois voyages missionnaires parce qu'il se sentait poussé à prêcher (1 Co 9.16). Même assigné à résidence, « il proclamait le règne de Dieu et enseignait ce qui concerne le Seigneur Jésus-Christ avec une entière assurance, sans empêchement » (Ac 28.31). Il savait que la prédication était le moyen désigné par Dieu pour que les pécheurs entendent parler du Sauveur et que, sans prédication, le message ne serait pas entendu (Rm 10.14). À la fin de sa vie, Paul transmit sa vocation au jeune Timothée, lui prescrivant ceci : « prêche la Parole, insiste en toute occasion, favorable ou non, convaincs, reprends, exhorte, avec toute patience et en instruisant » (2 Tm 4.1, 2).

Les Pères de l'Église

Nous retrouvons la même insistance sur la prédication chez les premiers Pères de l'Église. La *Didachê*, un manuel d'église datant du début du IIᵉ siècle, mentionne divers ministères d'enseignement. Elle déclare que les enseignants itinérants doivent être bien reçus s'ils sont authentiques. (Les faux docteurs sont identifiables par leur enseignement, qui contredit la foi apostolique, ainsi que par leur conduite : ils restent plus de deux jours, demandent de l'argent et ne mettent pas en pratique ce qu'ils prêchent).[1] Les docteurs véridiques sont à écouter avec humilité, « tremblant aux paroles que tu as entendues », est-il dit au croyant ; « souviens-toi, jour et nuit, de celui qui te fait entendre la parole de Dieu, et tu le vénéreras comme le Seigneur ».[2]

Vers le milieu du IIᵉ siècle, Justin Martyr publia un document connu comme sa *Première Apologie* dans laquelle il soutenait que le christianisme est vrai parce que le Christ est l'incarnation de la vérité et le Sauveur de tous. Vers la fin de ce document, il décrit le culte des chrétiens de son temps, qui met l'accent sur la lecture et sur la prédication des Écritures :

> Le jour du soleil, comme on l'appelle, tous ceux qui habitent les villes ou les campagnes se réunissent dans un même lieu, et on lit les récits des apôtres ou les écrits des prophètes, selon le temps dont on peut disposer. Quand le lecteur a fini, celui

---

1. *Didachê* 11.1-2 ; 12.1-5. http://fr.scribd.com/doc/133571826/La-Didache-grec-et-francais ou http://www.patristique.org/sites/patristique.org/IMG/pdf/Didache.pdf
2. *Didachê* 3.8 ; 4.1.

qui préside fait un discours pour exhorter à l'imitation de ces sublimes enseignements.[3]

Le Père latin Tertullien publia également une *Apologétique* à la fin du IIe siècle. Il y insiste sur l'amour et l'unité entre chrétiens et il décrit leurs réunions :

> Nous nous réunissons pour la lecture des saintes Écritures... par ces saintes paroles, nous nourrissons notre foi, nous redressons notre espérance, nous affermissons notre confiance et nous resserrons aussi notre discipline en inculquant les préceptes. C'est dans ces réunions encore que se font les exhortations, les corrections, les censures au nom de Dieu.[4]

L'un des prédicateurs chrétiens les plus célèbres des premiers temps est Jean Chrysostome, qui devint archevêque de Constantinople en 398. On lui donna le sobriquet de *Chrysostomos*, c'est-à-dire « bouche-d'or » et il est toujours « considéré comme le plus grand orateur de chaire de l'Église grecque » et comme « un modèle pour les prédicateurs des grandes villes ».[5] Dans un sermon portant sur Éphésiens 6.13, Chrysostome fait remarquer que, à l'instar de notre corps humain, le corps du Christ est soumis à de nombreuses maladies. Puisqu'il existe beaucoup de moyens de restaurer notre santé physique, que peut-on faire pour soigner le corps du Christ quand il est atteint de maladie ?

> Un seul moyen, une seule voie de guérison nous a été donnée... et c'est l'enseignement de la parole. C'est le meilleur instrument, c'est le meilleur régime et le meilleur climat ; cela tient lieu de médecine, cela tient lieu de cautérisation et de découpe ; qu'il soit nécessaire de brûler ou d'amputer, seule cette méthode doit être utilisée ; et sans elle, rien d'autre ne sera efficace.[6]

La prédication de Chrysostome était inoubliable pour un certain nombre de raisons. Premièrement : il était biblique. Non seulement il prêchait

---

3. Justin Martyr, *Première Apologie*, lxvii. http://www.catho.org/9.php?d=cgk

4. Tertullien, *Apologétique*, xxxix.

5. Philip Schaff, sous.dir., *The Nicene and Post-Nicene Fathers*, 1892, Eerdmans, 1975, t.9, p.22.

6. Clyde E. Fant et William M. Pinson, sous dir., *Twenty Centuries of Great Preaching*, Waco, Word, 1971, t.1, p.108-109.

systématiquement et de manière suivie sur plusieurs livres entiers de la Bible, mais ses sermons étaient remplis de citations et d'allusions bibliques. Deuxièmement : son interprétation de l'Écriture était simple et facile à comprendre. Troisièmement : ses applications morales étaient terre-à-terre. En les lisant, nous avons une image vivace de la vie de la cité dans laquelle il vivait : la pompe de la cour impériale, les fastes de l'aristocratie, les courses endiablées à l'hippodrome. Quatrièmement : dans sa condamnation des torts, il était sans peur. En raison de sa prédication fidèle, il fut expédié en exil, où il mourut.

Les Frères Prêcheurs et les Réformateurs

Faisons un saut jusqu'au début du deuxième millénaire. Nous observons l'ascension des ordres catholiques romains qui mettaient en valeur la prédication. Le fondateur de l'ordre des Franciscains, François d'Assise (1182 – 1226), se consacrait tout autant à la prédication qu'à une vie de service et de pauvreté. « À moins de prêcher partout où vous allez, il est inutile d'aller quelque part pour prêcher. »[7] Saint Dominique, son contemporain (1170 – 1221), voyagea très loin pour la cause de l'Évangile et il organisa ses adeptes en une confrérie de prédicateurs connue comme l'ordre des Dominicains. Des conducteurs éminents de ces ordres allèrent jusqu'à affirmer que l'audition de la prédication avait même davantage d'importance que l'assistance à la messe.[8]

Compte tenu de cet accent marqué sur la prédication de la parole de Dieu, il n'est pas surprenant de voir émerger à Oxford le précurseur ou « l'étoile du matin » de la Réforme, John Wycliffe (1329 – 1384). Il en vint peu à peu à considérer que la Sainte Écriture doit être l'autorité suprême en matière de foi et de vie, et il lança la première traduction intégrale de la Bible latine en anglais. Étant lui-même un prédicateur biblique très actif, Wycliffe n'avait aucun doute sur la tâche première du clergé :

> Le service le plus noble auquel l'homme puisse accéder sur terre, c'est la prédication de la parole de Dieu... Et pour

---

7. Fant et Pinson, *Twenty Centuries*, t.1, p.174-175.
8. Charles Smyth, *The Art of Preaching : A Practical Survey of Preaching in the Church of England*, Londres, SPCK, 1940, p.15-16.

cette cause, Jésus-Christ laissa d'autres ouvrages et s'occupa essentiellement de prêcher, et ses apôtres firent de même, et pour cela, Dieu les aima... L'Église... s'honore, par excellence, par la prédication de la parole de Dieu. C'est pourquoi cela est le meilleur service que les prêtres puissent rendre à Dieu.[9]

Pendant la Renaissance, des hommes comme Érasme et Thomas More étudièrent la Bible et les écrits des premiers conducteurs de l'Église. Il en résulta qu'ils entreprirent de critiquer la corruption qui sévissait dans l'Église et d'appeler à une réforme fondée sur la parole de Dieu. Reconnaissant que les prédicateurs devaient en cela jouer un rôle-clé, Érasme écrit :

> La fonction la plus importante du prêtre est l'enseignement, par lequel il peut instruire, admonester, censurer et consoler. Un laïc peut baptiser. Tout le monde peut prier. Le prêtre ne baptise pas toujours, il n'absout pas toujours, mais il doit toujours prêcher. Quel bien y a-t-il à être baptisé si l'on n'a pas été catéchisé ? Quel bien y a-t-il à aller à la Table du Seigneur si l'on ne sait pas quel en est le sens ?[10]

Ces termes expliquent le vieux dicton qui dit qu'« Érasme a pondu l'œuf que Luther a couvé », car Martin Luther (1483 – 1546) était en accord avec Érasme et il développa l'insistance d'Érasme sur la prédication. Comme d'autres meneurs de la Réforme, il considérait que la chaire était plus importante que l'autel. Les gens seront sauvés en entendant et en acceptant la parole de Dieu, et pas simplement en assistant à la messe et en recevant les éléments de la communion.

Luther fit ressortir le pouvoir libérateur de la parole de Dieu et son importance pour la vie spirituelle : « L'Église doit sa vie à la parole de la promesse, et elle est nourrie et préservée par cette même parole. »[11] Il insistait sur le fait que...

> ...l'âme peut se passer de toutes choses si ce n'est de la parole de Dieu... si elle a la parole, elle est riche et ne manque de

---

9. « De Blasphemia contra Fratres », *in* Fant et Pinson, *Twenty Centuries*, t.1, p.234.

10. Érasme, « De la prédication », *in* Roland H. Bainton, *Erasmus of Christendom*, Londres, Collins, 1970, p.324.

11. Martin Luther, *Prélude sur la captivité babylonienne de l'Église*, *in* Ernest Gordon Rupp, *Luther's Progress to the Diet of Worms 1521*, Londres, SCM, 1951, p.85-86.

rien, car la parole est la parole de vie, de vérité, de lumière, de paix, de justice, de salut, de joie, de liberté… Prêcher le Christ signifie nourrir l'âme, la rendre juste, la rendre libre et la sauver.[12]

Étant donné la haute considération qu'il avait pour la parole de Dieu, il n'est pas étonnant que Luther ait considéré la prédication comme « le devoir et l'obligation suprême et unique » de chaque évêque et pasteur.[13] Il repérait neuf caractéristiques chez un bon prédicateur :

> « Voici les qualités et caractères que doit avoir un bon prédicateur. Premièrement, être capable d'enseigner les gens avec une belle rigueur et une belle méthode *(un enseignement systématique)*. Deuxièmement, avoir la tête bien faite *(un bon intellect)*. Troisièmement, être éloquent. Quatrièmement, avoir une bonne voix. Cinquièmement, une bonne mémoire. Sixièmement, savoir s'arrêter. Septièmement, être sûr de son fait *(de sa doctrine)* et y mettre tout son zèle. Huitièmement, risquer sa santé et sa vie, son bien et son honneur. Neuvièmement, être prêt à se laisser tourmenter et tourner en ridicule par n'importe qui (à cause de la prédication). »[14]

Luther vécut à la hauteur de ces fortes exigences. Supportant la persécution tant religieuse que politique, il insistait en disant ceci : « même si je devais y laisser mon corps et ma vie à cause d'elle, je ne pourrais délaisser la parole véritable de Dieu ».[15]

Jean Calvin (1509 – 1564) avait lui aussi beaucoup d'ardeur à prêcher la parole de Dieu à des chrétiens ordinaires de tous âges, y compris ceux qui étaient incapables de la lire par eux-mêmes. Il enseignait et expliquait l'Écriture verset par verset et chapitre par chapitre, avec une attention extrême portée à la fois au contexte historique et au contexte théologique. Il publia également son *Institution de la religion chrétienne* ainsi que de nombreux commentaires pour aider les pasteurs à devenir de meilleurs prédicateurs.

---

12. Luther, *De la liberté du chrétien*, cité par Rupp, *Luther's Progress*, p.87. Éd. française : Seuil, Points-Essais, 1996.

13. Luther, *Traité des bonnes œuvres*, in Helmut T. Lehman, *Luther's Works*, Minneapolis, Fortress, 1965, t.44, p.58.

14. Martin Luther, *Propos de table*, Paris, Aubier, 1992, p. 60.

15. Rupp, *Luther's Progress*, p.96-99.

Le message de Calvin fut repris par les Réformateurs anglais dans leur formulation de l'Article 19 des Trente-Neuf Articles de l'Église anglicane : « L'Église visible de Jésus-Christ est une assemblée de personnes fidèles [et croyantes], où la pure Parole de Dieu est prêchée, et où, selon l'ordonnance de Jésus-Christ, les Sacrements sont légitimement administrés... »[16] La cérémonie d'ordination anglicane requérait que l'évêque remît une bible à chaque ordinand comme symbole de son office et exhortation à « être assidu... à la lecture et à l'apprentissage des Écritures », l'autorisant par la puissance du Saint-Esprit « à prêcher la parole de Dieu et à administrer les saints Sacrements dans la congrégation ».

Les Puritains et les Évangéliques

Les Puritains du XVIIe siècle ont été traités de bien des noms, pas tous élogieux. Mais la désignation qui les résume le mieux, c'est celle de « prédicateurs consacrés à Dieu ». Comme les Réformateurs, ils donnaient une place prépondérante à la prédication. L'un d'entre eux, Richard Baxter (1615 – 1691), était tellement perturbé par l'ignorance, la paresse et la licence du clergé qu'il écrivit un livre intitulé *The Reformed Pastor* (*Le Pasteur Chrétien*), publié en 1656 et encore réédité aujourd'hui !). Il y partage les principes qui ont dirigé sa propre pratique pastorale :

> Nous devons leur enseigner, autant que nous le pouvons, la parole et les œuvres de Dieu. Oh ! que sont ces deux volumes pour qu'un ministre prêche dessus ! Quelle grandeur, quelle excellence, quelle merveille et quel mystère ! Tous les chrétiens sont disciples ou étudiants du Christ ; l'Église est son école, nous sommes ses portiers [assistants professeurs] ; la Bible est sa grammaire [cahier] ; voilà ce que nous devons quotidiennement leur enseigner.[17]

---

16.   http://www.emmanuelbriglia.com/pages/les-trente-neuf-articles/articles-i-a-xiv.html

17.   Richard Baxter, *The Reformed Pastor*, 1656, Londres, Epworth, 1950, p.75. Edition française: *Le Pasteur Chrétien*, Paris, L.-R. Delay, 1841 (http://books.google.fr/books).

L'enseignement de Baxter revêtait deux formes. D'une part, lui et son assistant formaient personnellement chaque famille de la paroisse au moins une fois par an. Chaque famille était invitée à lui rendre visite pendant environ une heure. Pendant ces visites, les membres de la famille se voyaient demander de réciter le catéchisme, on les aidait à le comprendre, et on les interrogeait sur leur expérience personnelle des vérités qu'il contient. Ces visites occupaient deux jours pleins chaque semaine. L'autre aspect de son travail, c'était la prédication publique de la parole, une parole qui, insistait-il,...

> ...requiert un talent plus grand et en particulier une vie et un zèle plus grands que ce qu'aucun d'entre nous n'est en mesure de lui consacrer. Ce n'est pas une petite affaire que de se tenir en face d'une congrégation et d'apporter un message de la part du Dieu vivant, au nom de notre Rédempteur.[18]

Quelques années plus tard, Cotton Mather, de Boston (1663 – 1728) apportait des « Directives pour un candidat au ministère » dans son livre *Student and Preacher* (*Étudiant et Prédicateur*). Sa préface commence par ces mots :

> L'office du ministère chrétien, compris avec justesse, est le plus honorable, et le plus important que tout homme dans le monde entier puisse jamais assumer ; et ce sera l'une des merveilles et l'une des occupations de l'éternité de considérer les raisons pour lesquelles la sagesse et la bonté de Dieu ont assigné cet office à l'homme imparfait et coupable !... Le grand dessein et la grande intention de l'office d'un prédicateur chrétien consistent à rétablir le trône et la domination de Dieu dans les âmes des hommes ; d'exposer sous les plus vives couleurs, et de proclamer dans le langage le plus clair les perfections, les offices et la grâce admirables du Fils de Dieu ; et d'attirer les âmes des hommes dans un état d'amitié inaltérable avec lui.[19]

En 1738, un jeune homme du nom de John Wesley assista à une réunion dans Aldersgate Street à Londres, où son cœur se trouva réchauffé au moment où il plaça sa « confiance en Christ, en Christ seul pour le salut ».

---

18. Baxter, *The Reformed Pastor*, p.81.
19. Cotton Mather, *Student and Preacher, or Directions for a Candidate of the Ministry*, 1726, Londres, Hindmarsh, 1789, iii-v.

Assuré que ses péchés avaient été ôtés et que le Christ l'avait sauvé de la loi du péché et de la mort, il se mit immédiatement à prêcher le salut gratuit qu'il avait reçu. Influencé par sa lecture de Baxter, il encouragea le ministère de porte-à-porte et la catéchisation des convertis. Mais par-dessus tout, il fut un prédicateur, qui s'adressait à d'immenses foules dans des églises et des places d'églises, sur des terrains communaux, dans des champs et dans des amphithéâtres naturels. « Je vis vraiment de la prédication », écrit-il dans son Journal. Son livre de chevet était toujours la Bible, car il savait que son but par excellence était de désigner le Christ et de montrer la voie du salut :

> Oh ! qu'on me donne ce livre ! À tout prix, qu'on me donne le livre de Dieu ! Je l'ai : voici une connaissance qui m'est suffisante. Que je sois *homo unius libri* [l'homme d'un seul livre]. Et donc me voici, loin de l'agitation des hommes. Je m'assois, tout seul ; seul Dieu est ici. Dans sa présence, j'ouvre, je lis son livre ; à cette fin : trouver la voie du ciel.[20]

John Wesley prêchait ce qu'il apprenait de ces méditations bibliques, partageant avec d'autres ce qu'il avait découvert, et montrant le chemin du ciel et de la sainteté.

Même si John Wesley a fini par être plus connu, son plus jeune contemporain George Whitefield (1714 – 1770) était presque certainement le prédicateur le plus imposant. En Grande-Bretagne et en Amérique, en intérieur comme en plein air, il assura une moyenne de vingt sermons par semaine pendant trente-quatre ans ! Éloquent, zélé, rigoureux dans son enseignement, passionné, il enrichissait sa prédication avec des métaphores pittoresques, des illustrations très concrètes et une gestuelle spectaculaire. Il captivait son public, il lui adressait des questions directes ou il le suppliait avec conviction d'être réconcilié avec Dieu. Il avait une confiance intégrale dans l'autorité de son message, et il était résolu à lui faire obtenir le respect qu'il méritait en tant que parole de Dieu. Un jour où il prêchait, il « remarqua un vieil homme qui s'installait pour sa sieste coutumière pendant le sermon ». Whitefield commença son sermon tranquillement, sans le déranger. Mais ensuite il dit :

---

20. John Wesley, *Sermons on Several Occasions*, 1746-1760, Londres, Epworth, 1944, vi.

« Si j'étais venu vous parler en mon propre nom, vous pourriez aller dormir !... Mais je suis venu à vous au nom du Seigneur Dieu des armées, et (tapant des mains et du pied) je *dois* être écouté et je *serai* écouté. » Le vieil homme se réveilla en sursaut.[21]

Le xixe siècle

Charles Simeon (1759 – 1836) se convertit alors qu'il était encore étudiant à l'Université de Cambridge, et il désirait vivement y prêcher l'Évangile. Passant à côté de Holy Trinity Church au cœur du campus, il se disait souvent : « Comme je serais heureux si Dieu voulait me confier cette église, afin que je puisse y prêcher son Évangile, et être son messager au milieu de l'université. »[22] Dieu répondit à sa prière et, en 1783, c'est là qu'il devint pasteur. Toutefois, au début, il rencontra une violente opposition, mais il persévéra et, au fil des années, il s'attira le respect de tous. Pendant cinquante-quatre ans, c'est là qu'il ouvrit systématiquement les Écritures, résolu « à ne connaître rien d'autre que Jésus-Christ, et Jésus-Christ crucifié », comme le dit la stèle érigée à sa mémoire. Simeon déclara :

> ...les prédicateurs sont des ambassadeurs de Dieu, et parlent à la place du Christ. S'ils prêchent ce qui est enraciné dans les Écritures, leur parole, pour autant qu'elle soit agréable pour la pensée de Dieu, doit être considérée comme étant de Dieu. Cela est affirmé par notre Seigneur et par ses apôtres. Nous devons par conséquent recevoir la parole du prédicateur comme la parole de Dieu lui-même.[23]

Pendant tout le xixe siècle, malgré l'émergence de la haute critique et malgré les théories évolutionnistes de Darwin, la chaire maintint son prestige en Angleterre et en Amérique. Les gens convergeaient pour

---

21. John C. Pollock, *George Whitefield and the Great Awakening*, Londres, Hodder & Stoughton, 1973, p.248.
22. William Carus, sous dir., *Memoirs of the Rev. Charles Simeon*, Londres, Hatchard, 1847, p.41.
23. Charles Simeon, *Let Wisdom Judge : University Addresses and Sermon Outlines*, sous dir. Arthur Pollard, Londres, Inter-Varsity Fellowship, 1959, p.188-189.

aller entendre les grands prédicateurs de l'époque comme John Henry Newman et Charles Haddon Spurgeon et lisaient avec intérêt leurs sermons imprimés. Nous trouvons quelque chose de ce respect dans le récit d'un sermon donné par Herman Melville dans *Moby Dick* (1851). Le prédicateur se tient debout dans une chaire en forme de proue de navire, ce que Melville considère comme approprié car « une chaire... entraîne tout le monde dans son sillage ».[24] Peu de gens reprendraient aujourd'hui cette affirmation à leur compte, mais elle n'eût pas paru exagérée aux lecteurs de Melville.

Le xxe siècle

Le xxe siècle démarra dans une ambiance d'optimisme. L'Occident se projetait dans une ère de stabilité, de progrès scientifique et d'opulence ; l'Église et les prédicateurs étaient respectés. Cependant, en l'espace de quelques années, cet optimisme fut réduit en miettes par les horreurs de la Première Guerre Mondiale et de la crise économique qu'elle entraîna.

Néanmoins, la confiance dans le privilège et dans le pouvoir du ministère exercé en chaire survécut. Des théologiens comme Karl Barth, qui avait acquis un réalisme nouveau sur l'humanité et une foi en Dieu renouvelée, étaient convaincus que la prédication était encore plus importante qu'auparavant. Dans les temps qui précédèrent la Deuxième Guerre Mondiale, des prédicateurs comme Dietrich Bonhoeffer et Martin Niemöller firent preuve d'un grand courage dans la prédication et la formation de prédicateurs, nonobstant l'ascension d'Hitler au pouvoir. Dans ce contexte de persécution, Bonhoeffer insista sur l'importance de la prédication. Il en fut de même pour le prédicateur suisse Walter Lüthi : il finit par être convaincu que, selon les termes de la Seconde Confession Helvétique, « la prédication de la Parole de Dieu est la Parole de Dieu », et « il entreprit la tâche de travailler entièrement chaque livre de la Bible, l'un après l'autre, cherchant à savoir ce que ces oracles sacrés signifiaient pour son temps et son lieu. »[25] Dans un essai sur la prédication, Lüthi

---

24. Litt. : « la chaire mène le monde. » Herman Melville, *Moby Dick*, ch. 8, 1851, Penguin 1972, p.45 ; Folio Gallimard, 1996, pour l'édition française.
25. Hugues Oliphant Old, *The Reading and Preaching of the Scriptures in the Worship of the Christian Church*, Grand Rapids, Eerdmans, 1998-2007, t.6, p.826-829. Cf. *Seconde Confession helvétique*, éditions Kerygma, Aix-en-Provence, 2001 ; et Abraham

écrit que l'action de prêcher « est l'une de ces choses pour lesquelles personne n'a en réalité vraiment la compétence. Au moment même où un homme pense qu'il a cette compétence, sa prédication devient un exercice de style et la grâce s'éclipse avec tristesse. »[26]

Bien que la Deuxième Guerre Mondiale ait accéléré le processus de sécularisation en Europe, elle ne réussit pas à tarir la prédication. Le grand universitaire et prédicateur écossais James S. Stewart (1896 – 1990) pouvait encore écrire dans la préface de son livre *Heralds of God* :

> J'ai choisi le titre de ce livre [*Hérauts de Dieu*] pour faire ressortir un fait fondamental, à savoir, que la prédication existe non pas pour propager des points de vue, des opinions ou des idées, mais pour la proclamation des interventions puissantes de Dieu. On peut démontrer que telle est la conception néotestamentaire de la mission du prédicateur, et c'est cela qui conférera toujours à la prédication une place fondamentale et essentielle au cœur même du culte chrétien.[27]

Stewart fut fidèle à cette vision. L'un de ses étudiants écrira par la suite :

> C'était un prédicateur intensément biblique. Stewart avait une façon d'expliquer un passage des Écritures qui le rendait tellement simple. Je n'ai jamais eu l'impression que ce fût un interprète de l'Écriture ingénieux ni d'une virtuosité stupéfiante. Une fois qu'il avait fait le tour du texte, cela coulait tellement de source… L'homme était tout simplement quelqu'un de bien, et ce qu'il disait, j'avais à le prendre comme la parole de Dieu.[28]

Dans la seconde moitié du siècle, l'intérêt pour la prédication baissa. Néanmoins, il y avait encore des voix qui, dans de nombreuses églises, appelaient à son renouveau. Le « Décret sur le ministère et la vie des prêtres » publié par Vatican II exhortait le clergé catholique à prêcher l'Évangile :

Ruchat, *Histoire de la Réformation de la Suisse*, M. Giral-Prelaz éditeur, Nyon, 1838, t.7, p.114.

26. Old, *Reading and Preaching*, t.6, p.835.

27. James S. Stewart, « Herald of God », the 1946 Warrack Lectures, rapporté par Old, *Reading and Preaching*, t.6, p.908.

28. Old, *Reading and Preaching*, t.6, p.904.

...les prêtres... ont pour premier devoir d'annoncer l'Évangile à tous les hommes. [Ils doivent] inviter tous les hommes avec insistance à la conversion et à la sainteté... Cette prédication... ne doit pas se contenter d'exposer la Parole de Dieu de façon générale et abstraite, mais elle doit appliquer la vérité permanente de l'Évangile aux circonstances concrètes de la vie.[29]

Donald Coggan, archevêque de Canterbury de 1974 à 1980, et lui-même prédicateur expérimenté, fonda un Collège de Prédicateurs en Angleterre. Et, dans la tradition réformée, beaucoup furent inspirés par Martyn Lloyd-Jones, qui officia à la chapelle de Westminster à Londres de 1938 à 1968. Sa formation médicale et son exercice initial de la médecine, son engagement inébranlable envers l'autorité de l'Écriture et envers le Christ de l'Écriture, son esprit analytique aiguisé, sa perception pénétrante du cœur humain, et sa flamme passionnée de Gallois concouraient à faire de lui le prédicateur britannique le plus énergique des années cinquante et soixante. Dans *Preaching and Preachers* (1971), il déclare :

Pour moi, le travail de prédication est la vocation la plus haute, la plus grande et la plus glorieuse à laquelle on puisse jamais être appelé... La nécessité la plus urgente dans l'Église chrétienne d'aujourd'hui, c'est la prédication véritable... Rien ne lui est comparable. C'est la plus grande tâche au monde, la plus enthousiasmante, la plus captivante, la plus gratifiante, et la plus merveilleuse.[30]

Cette brève esquisse historique est loin d'être complète parce qu'elle se limite à ceux dont les conceptions sur la prédication sont consignées dans des ouvrages occidentaux. En effet, ce ne sont en aucun cas les seuls prédicateurs valables, car Dieu a suscité des docteurs et des prédicateurs fidèles dans de nombreuses régions. Cependant, ce que démontre ce chapitre, c'est l'ampleur et l'amplitude de ce qui, dans la tradition chrétienne, accorde une grande importance à la prédication. Certes, il

---

29. Décret sur le ministère et la vie des prêtres, chapitre II, premier paragraphe. (http://www.vatican.va/archive/hist_councils/ii_vatican_council/documents/vat-ii_decree_19651207_presbyterorum-ordinis_fr.html).
30. Dr. Martyn Lloyd-Jones, *Preaching and Preachers*, Londres, Hodder & Stoughton, 1971, p.9, 297.

y a eu des contradicteurs, mais ce sont des exceptions. Le consensus chrétien au long des siècles a consisté à dire que la prédication est d'une importance vitale. On ne saurait prendre ce témoignage à la légère.

APPENDICE 2

LE PLAN DE LECTURE BIBLIQUE MCCHEYNE

1ᵉʳ Janvier	Genèse 1	Matthieu 1	Esdras 1	Actes 1
2 Janvier	Genèse 2	Matthieu 2	Esdras 2	Actes 2
3 Janvier	Genèse 3	Matthieu 3	Esdras 3	Actes 3
4 Janvier	Genèse 4	Matthieu 4	Esdras 4	Actes 4
5 Janvier	Genèse 5	Matthieu 5	Esdras 5	Actes 5
6 Janvier	Genèse 6	Matthieu 6	Esdras 6	Actes 6
7 Janvier	Genèse 7	Matthieu 7	Esdras 7	Actes 7
8 Janvier	Genèse 8	Matthieu 8	Esdras 8	Actes 8
9 Janvier	Genèse 9-10	Matthieu 9	Esdras 9	Actes 9
10 Janvier	Genèse 11	Matthieu 10	Esdras 10	Actes 10
11 Janvier	Genèse 12	Matthieu 11	Néhémie 1	Actes 11
12 Janvier	Genèse 13	Matthieu 12	Néhémie 2	Actes 12
13 Janvier	Genèse 14	Matthieu 13	Néhémie 3	Actes 13
14 Janvier	Genèse 15	Matthieu 14	Néhémie 4	Actes 14
15 Janvier	Genèse 16	Matthieu 15	Néhémie 5	Actes 15
16 Janvier	Genèse 17	Matthieu 16	Néhémie 6	Actes 16
17 Janvier	Genèse 18	Matthieu 17	Néhémie 7	Actes 17
18 Janvier	Genèse 19	Matthieu 18	Néhémie 8	Actes 18
19 Janvier	Genèse 20	Matthieu 19	Néhémie 9	Actes 19
20 Janvier	Genèse 21	Matthieu 20	Néhémie 10	Actes 20
21 Janvier	Genèse 22	Matthieu 21	Néhémie 11	Actes 21
22 Janvier	Genèse 23	Matthieu 22	Néhémie 12	Actes 22
23 Janvier	Genèse 24	Matthieu 23	Néhémie 13	Actes 23
24 Janvier	Genèse 25	Matthieu 24	Esther 1	Actes 24
25 Janvier	Genèse 26	Matthieu 25	Esther 2	Actes 25

26 Janvier	Genèse 27	Matthieu 26	Esther 3	Actes 26
27 Janvier	Genèse 28	Matthieu 27	Esther 4	Actes 27
28 Janvier	Genèse 29	Matthieu 28	Esther 5	Actes 28
29 Janvier	Genèse 30	Marc 1	Esther 6	Romains 1
30 Janvier	Genèse 31	Marc 2	Esther 7	Romains 2
31 Janvier	Genèse 32	Marc 3	Esther 8	Romains 3
1er Février	Genèse 33	Marc 4	Esther 9-10	Romains 4
2 Février	Genèse 34	Marc 5	Job 1	Romains 5
3 Février	Genèse 35-36	Marc 6	Job 2	Romains 6
4 Février	Genèse 37	Marc 7	Job 3	Romains 7
5 Février	Genèse 38	Marc 8	Job 4	Romains 8
6 Février	Genèse 39	Marc 9	Job 5	Romains 9
7 Février	Genèse 40	Marc 10	Job 6	Romains 10
8 Février	Genèse 41	Marc 11	Job 7	Romains 11
9 Février	Genèse 42	Marc 12	Job 8	Romains 12
10 Février	Genèse 43	Marc 13	Job 9	Romains 13
11 Février	Genèse 44	Marc 14	Job 10	Romains 14
12 Février	Genèse 45	Marc 15	Job 11	Romains 15
13 Février	Genèse 46	Marc 16	Job 12	Romains 16
14 Février	Genèse 47	Luc 1:1-38	Job 13	1 Corinthiens 1
15 Février	Genèse 48	Luc 1:39-80	Job 14	1 Corinthiens 2
16 Février	Genèse 49	Luc 2	Job 15	1 Corinthiens 3
17 Février	Genèse 50	Luc 3	Job 16-17	1 Corinthiens 4
18 Février	Exode 1	Luc 4	Job 18	1 Corinthiens 5
19 Février	Exode 2	Luc 5	Job 19	1 Corinthiens 6
20 Février	Exode 3	Luc 6	Job 20	1 Corinthiens 7
21 Février	Exode 4	Luc 7	Job 21	1 Corinthiens 8
22 Février	Exode 5	Luc 8	Job 22	1 Corinthiens 9
23 Février	Exode 6	Luc 9	Job 23	1 Corinthiens 10
24 Février	Exode 7	Luc 10	Job 24	1 Corinthiens 11
25 Février	Exode 8	Luc 11	Job 25-26	1 Corinthiens 12
26 Février	Exode 9	Luc 12	Job 27	1 Corinthiens 13
27 Février	Exode 10	Luc 13	Job 28	1 Corinthiens 14
28 Février	Exode 11:1-12:20	Luc 14	Job 29	1 Corinthiens 15
1er Mars	Exode 12:21-50	Luc 15	Job 30	1 Corinthiens 16
2 Mars	Exode 13	Luc 16	Job 31	2 Corinthiens 1

3 Mars	Exode 14	Luc 17	Job 32	2 Corinthiens 2
4 Mars	Exode 15	Luc 18	Job 33	2 Corinthiens 3
5 Mars	Exode 16	Luc 19	Job 34	2 Corinthiens 4
6 Mars	Exode 17	Luc 20	Job 35	2 Corinthiens 5
7 Mars	Exode 18	Luc 21	Job 36	2 Corinthiens 6
8 Mars	Exode 19	Luc 22	Job 37	2 Corinthiens 7
9 Mars	Exode 20	Luc 23	Job 38	2 Corinthiens 8
10 Mars	Exode 21	Luc 24	Job 39	2 Corinthiens 9
11 Mars	Exode 22	Jean 1	Job 40	2 Corinthiens 10
12 Mars	Exode 23	Jean 2	Job 41	2 Corinthiens 11
13 Mars	Exode 24	Jean 3	Job 42	2 Corinthiens 12
14 Mars	Exode 25	Jean 4	Proverbes 1	2 Corinthiens 13
15 Mars	Exode 26	Jean 5	Proverbes 2	Galates 1
16 Mars	Exode 27	Jean 6	Proverbes 3	Galates 2
17 Mars	Exode 28	Jean 7	Proverbes 4	Galates 3
18 Mars	Exode 29	Jean 8	Proverbes 5	Galates 4
19 Mars	Exode 30	Jean 9	Proverbes 6	Galates 5
20 Mars	Exode 31	Jean 10	Proverbes 7	Galates 6
21 Mars	Exode 32	Jean 11	Proverbes 8	Ephésiens 1
22 Mars	Exode 33	Jean 12	Proverbes 9	Ephésiens 2
23 Mars	Exode 34	Jean 13	Proverbes 10	Ephésiens 3
24 Mars	Exode 35	Jean 14	Proverbes 11	Ephésiens 4
25 Mars	Exode 36	Jean 15	Proverbes 12	Ephésiens 5
26 Mars	Exode 37	Jean 16	Proverbes 13	Ephésiens 6
27 Mars	Exode 38	Jean 17	Proverbes 14	Philippiens 1
28 Mars	Exode 39	Jenn 18	Proverbes 15	Philippiens 2
29 Mars	Exode 40	Jean 19	Proverbes 16	Philippiens 3
30 Mars	Lévitique 1	Jean 20	Proverbes 17	Philippiens 4
31 Mars	Lévitique 2-3	Jean 21	Proverbes 18	Colossiens 1
1er Avril	Lévitique 4	Psaumes 1-2	Proverbes 19	Colossiens 2
2 Avril	Lévitique 5	Psaumes 3-4	Proverbes 20	Colossiens 3
3 Avril	Lévitique 6	Psaumes 5-6	Proverbes 21	Colossiens 4
4 Avril	Lévitique 7	Psaumes 7-8	Proverbes 22	1 Thessaloniciens 1
5 Avril	Lévitique 8	Psaume 9	Proverbes 23	1 Thessaloniciens 2
6 Avril	Lévitique 9	Psaume 10	Proverbes 24	1 Thessaloniciens 3
7 Avril	Lévitique 10	Psaumes 11-12	Proverbes 25	1 Thessaloniciens 4

8 Avril	Lévitique 11-12	Psaumes 13-14	Proverbes 26	1 Thessaloniciens 5
9 Avril	Lévitique 13	Psaumes 15-16	Proverbes 27	2 Thessaloniciens 1
10 Avril	Lévitique 14	Psaume 17	Proverbes 28	2 Thessaloniciens 2
11 Avril	Lévitique 15	Psaume 18	Proverbes 29	2 Thessaloniciens 3
12 Avril	Lévitique 16	Psaume 19	Proverbes 30	1 Timothée 1
13 Avril	Lévitique 17	Psaumes 20-21	Proverbes 31	1 Timothée 2
14 Avril	Lévitique 18	Psaume 22	Ecclésiaste 1	1 Timothée 3
15 Avril	Lévitique 19	Psaumes 23-24	Ecclésiaste 2	1 Timothée 4
16 Avril	Lévitique 20	Psaume 25	Ecclésiaste 3	1 Timothée 5
17 Avril	Lévitique 21	Psaumes 26-27	Ecclésiaste 4	1 Timothée 6
18 Avril	Lévitique 22	Psaumes 28-29	Ecclésiaste 5	2 Timothée 1
19 Avril	Lévitique 23	Psaume 30	Ecclésiaste 6	2 Timothée 2
20 Avril	Lévitique 24	Psaume 31	Ecclésiaste 7	2 Timothée 3
21 Avril	Lévitique 25	Psaume 32	Ecclésiaste 8	2 Timothée 4
22 Avril	Lévitique 26	Psaume 33	Ecclésiaste 9	Tite 1
23 Avril	Lévitique 27	Psaume 34	Ecclésiaste 10	Tite 2
24 Avril	Nombres 1	Psaume 35	Ecclésiaste 11	Tite 3
25 Avril	Nombres 2	Psaume 36	Ecclésiaste 12	Philémon
26 Avril	Nombres 3	Psaume 37	Cantique des cantiques 1	Hébreux 1
27 Avril	Nombres 4	Psaume 38	Cantique des cantiques 2	Hébreux 2
28 Avril	Nombres 5	Psaume 39	Cantique des cantiques 3	Hébreux 3
29 Avril	Nombres 6	Psaumes 40-41	Cantique des cantiques 4	Hébreux 4
30 Avril	Nombres 7	Psaumes 42-43	Cantique des cantiques 5	Hébreux 5
1ᵉʳ Mai	Nombres 8	Psaume 44	Cantique des cantiques 6	Hébreux 6
2 Mai	Nombres 9	Psaume 45	Cantique des cantiques 7	Hébreux 7
3 Mai	Nombres 10	Psaumes 46-47	Cantique des cantiques 8	Hébreux 8
4 Mai	Nombres 11	Psaume 48	Esaïe 1	Hébreux 9
5 Mai	Nombres 12-13	Psaume 49	Esaïe 2	Hébreux 10
6 Mai	Nombres 14	Psaume 50	Esaïe 3-4	Hébreux 11
7 Mai	Nombres 15	Psaume 51	Esaïe 5	Hébreux 12
8 Mai	Nombres 16	Psaumes 52-54	Esaïe 6	Hébreux 13

9 Mai	Nombres 17-18	Psaume 55	Esaïe 7	Jacques 1
10 Mai	Nombres 19	Psaumes 56-57	Esaïe 8:1_9:7	Jacques 2
11 Mai	Nombres 20	Psaumes 58-59	Esaïe 9:8-10:4	Jacques 3
12 Mai	Nombres 21	Psaumes 60-61	Esaïe 10:5-34	Jacques 4
13 Mai	Nombres 22	Psaumes 62-63	Esaïe 11-12	Jacques 5
14 Mai	Nombres 23	Psaumes 64-65	Esaïe 13	1 Pierre 1
15 Mai	Nombres 24	Psaumes 66-67	Esaïe 14	1 Pierre 2
16 Mai	Nombres 25	Psaume 68	Esaïe 15	1 Pierre 3
17 Mai	Nombres 26	Psaume 69	Esaïe 16	1 Pierre 4
18 Mai	Nombres 27	Psaumes 70-71	Esaïe 17-18	1 Pierre 5
19 Mai	Nombres 28	Psaume 72	Esaïe 19-20	2 Pierre 1
20 Mai	Nombres 29	Psaume 73	Esaïe 21	2 Pierre 2
21 Mai	Nombres 30	Psaume 74	Esaïe 22	2 Pierre 3
22 Mai	Nombres 31	Psaumes 75-76	Esaïe 23	1 Jean 1
23 Mai	Nombres 32	Psaume 77	Esaie 24	1 Jean 2
24 Mai	Nombres 33	Psaume 78:1-39	Esaïe 25	1 Jean 3
25 Mai	Nombres 34	Psaume 78:40-72	Esaïe 26	1 Jean 4
26 Mai	Nombres 35	Psaume 79	Esaïe 27	1 Jean 5
27 Mai	Nombres 36	Psaume 80	Esaïe 28	2 Jean
28 Mai	Deutéronome 1	Psaumes 81-82	Esaïe 29	3 Jean
29 Mai	Deutéronome 2	Psaumes 83-84	Esaïe 30	Jude
30 Mai	Deutéronome 3	Psaume 85	Esaïe 31	Apocalypse 1
31 Mai	Deutéronome 4	Psaumes 86-87	Esaïe 32	Apocalypse 2
1ᵉʳ Juin	Deutéronome 5	Psaume 88	Esaïe 33	Apocalypse 3
2 Juin	Deutéronome 6	Psaume 89	Esaïe 34	Apocalypse 4
3 Juin	Deutéronome 7	Psaume 90	Esaïe 35	Apocalypse 5
4 Juin	Deutéronome 8	Psaume 91	Esaïe 36	Apocalypse 6
5 Juin	Deutéronome 9	Psaumes 92-93	Esaïe 37	Apocalypse 7
6 Juin	Deutéonome 10	Psaume 94	Esaïe 38	Apocalypse 8
7 Juin	Deutéronome 11	Psaumes 95-96	Esaïe 39	Apocalypse 9
8 Juin	Deutéronome 12	Psaumes 97-98	Esaïe 40	Apocalypse 10
9 Juin	Deutéronome 13-14	Psaumes 99-101	Esaïe 41	Apocalypse 11
10 Juin	Deutéronome 15	Psaume 102	Esaïe 42	Apocalypse 12
11 Juin	Deutéronome 16	Psaume 103	Esaïe 43	Apocalypse 13
12 Juin	Deutéronome 17	Psaume 104	Esaïe 44	Apocalypse 14
13 Juin	Deutéronome 18	Psaume 105	Esaïe 45	Apocalypse 15

14 Juin	Deutéronome 19	Psaume 106	Esaïe 46	Apocalypse 16
15 Juin	Deutéronome 20	Psaume 107	Esaïe 47	Apocalypse 17
16 Juin	Deutéronome 21	Psaumes 108-109	Esaïe 48	Apocalypse 18
17 Juin	Deutéronome 22	Psaumes 110-111	Esaïe 49	Apocalypse 19
18 Juin	Deutéronome 23	Psaumes 112-113	Esaïe 50	Apocalypse 20
19 Juin	Deutéronome 24	Psaumes 114-115	Esaïe 51	Apocalypse 21
20 Juin	Deutéronome 25	Psaume 116	Esaïe 52	Apocalypse 22
21 Juin	Deutéronome 26	Psaumes 117-118	Esaïe 53	Matthieu 1
22 Juin	Deutéronome 27:1-28:19	Psaume 119:1-24	Esaïe 54	Matthieu 2
23 Juin	Deutéronome 28:20-68	Psaume 119:25-48	Esaïe 55	Matthieu 3
24 Juin	Deutéronome 29	Psaume 119:49-72	Esaïe 56	Matthieu 4
25 Juin	Deutéronome 30	Psaume 119:73-96	Esaïe 57	Matthieu 5
26 Juin	Deutéronome 31	Psaume 119:97-120	Esaïe 58	Matthieu 6
27 Juin	Deutéronome 32	Psaume 119:121_144	Esaïe 59	Matthieu 7
28 Juin	Deutéronome 33-34	Psaume 119:145-176	Esaïe 60	Matthieu 8
29 Juin	Josué 1	Psaumes 120-122	Esaïe 61	Matthieu 9
30 Juin	Josué 2	Psaumes 123-125	Esaïe 62	Matthieu 10
1er Juillet	Josué 3	Psaumes 126-128	Esaïe 63	Matthieu 11
2 Juillet	Josué 4	Psaumes 129-131	Esaïe 64	Matthieu 12
3 Juillet	Josué 5	Psaumes 132-134	Esaïe 65	Matthieu 13
4 Juillet	Josué 6	Psaumes 135-136	Esaïe 66	Matthieu 14
5 Juillet	Josué 7	Psaumes 137-138	Jérémie 1	Matthieu 15
6 Juillet	Josué 8	Psaume 139	Jérémie 2	Matthieu 16
7 Juillet	Josué 9	Psaumes 140-141	Jérémie 3	Matthieu 17
8 Juillet	Josué 10	Psaumes 142-143	Jérémie 4	Matthieu 18
9 Juillet	Josué 11	Psaume 144	Jérémie 5	Matthieu 19
10 Juillet	Josué 12-13	Psaume 145	Jérémie 6	Matthieu 20
11 Juillet	Josué 14-15	Psaumes 146-147	Jérémie 7	Matthieu 21
12 Juillet	Josué 16-17	Psaume 148	Jérémie 8	Matthieu 22
13 Juillet	Josué 18-19	Psaumes 149-150	Jérémie 9	Matthieu 23
14 Juillet	Josué 20-21	Actes 1	Jérémie 10	Matthieu 24
15 Juillet	Josué 22	Actes 2	Jérémie 11	Matthieu 25

16 Juillet	Josué 23	Actes 3	Jérémie 12	Matthieu 26
17 Juillet	Josué 24	Actes 4	Jérémie 13	Matthieu 27
18 Juillet	Juges 1	Actes 5	Jérémie 14	Matthieu 28
19 Juillet	Juges 2	Actes 6	Jérémie 15	Marc 1
20 Juillet	Juges 3	Actes 7	Jérémie 16	Marc 2
21 Juillet	Juges 4	Actes 8	Jérémie 17	Marc 3
22 Juillet	Juges 5	Actes 9	Jérémie 18	Marc 4
23 Juillet	Juges 6	Actes 10	Jérémie 19	Marc 5
24 Juillet	Juges 7	Actes 11	Jérémie 20	Marc 6
25 Juillet	Juges 8	Actes 12	Jérémie 21	Marc 7
26 Juillet	Juges 9	Actes 13	Jérémie 22	Marc 8
27 Juillet	Juges 10	Actes 14	Jérémie 23	Marc 9
28 Juillet	Juges 11	Actes 15	Jérémie 24	Marc 10
29 Juillet	Juges 12	Actes 16	Jérémie 25	Marc 11
30 Juillet	Juges 13	Actes 17	Jérémie 26	Marc 12
31 Juillet	Juges 14	Actes 18	Jérémie 27	Marc 13
1ᵉʳ Août	Juges 15	Actes 19	Jérémie 28	Marc 14
2 Août	Juges 16	Actes 20	Jérémie 29	Marc 15
3 Août	Juges 17	Actes 21	Jérémie 30-31	Marc 16
4 Août	Juges 18	Actes 22	Jérémie 32	Psaumes 1-2
5 Août	Juges 19	Actes 23	Jérémie 33	Psaumes 3-4
6 Août	Juges 20	Actes 24	Jérémie 34	Psaumes 5-6
7 Août	Juges 21	Actes 25	Jérémie 35	Psaumes 7-8
8 Août	Ruth 1	Actes 26	Jérémie 36, 45	Psaume 9
9 Août	Ruth 2	Actes 27	Jérémie 37	Psaume 10
10 Août	Ruth 3-4	Actes 28	Jérémie 38	Psaumes 11-12
11 Août	1 Samuel 1	Romains 1	Jérémie 39	Psaumes 13-14
12 Août	1 Samuel 2	Romains 2	Jérémie 40	Psaumes 15-16
13 Août	1 Samuel 3	Romains 3	Jérémie 41	Psaume 17
14 Août	1 Samuel 4	Romains 4	Jérémie 42	Psaume 18
15 Août	1 Samuel 5-6	Romains 5	Jérémie 43	Psaume 19
16 Août	1 Samuel 7-8	Romains 6	Jérémie 44	Psaumes 20-21
17 Août	1 Samuel 9	Romains 7	Jérémie 46	Psaume 22
18 Août	1 Samuel 10	Romains 8	Jérémie 47	Psaumes 23-24
19 Août	1 Samuel 11	Romains 9	Jérémie 48	Psaume 25
20 Août	1 Samuel 12	Romains 10	Jérémie 49	Psaumes 26-27

21 Août	1 Samuel 13	Romains 11	Jérémie 50	Psaumes 28-29
22 Août	1 Samuel 14	Romains 12	Jérémie 51	Psaume 30
23 Août	1 Samuel 15	Romains 13	Jérémie 52	Psaume 31
24 Août	1 Samuel 16	Romains 14	Lamentations 1	Psaume 32
25 Août	1 Samuel 17	Romains 15	Lamentations 2	Psaume 33
26 Août	1 Samuel 18	Romains 16	Lamentations 3	Psaume 34
27 Août	1 Samuel 19	1 Corinthiens 1	Lamentations 4	Psaume 35
28 Août	1 Samuel 20	1 Corinthiens 2	Lamentations 5	Psaume 36
29 Août	1 Samuel 21-22	1 Corinthiens 3	Ezéchiel 1	Psaume 37
30 Août	1 Samuel 23	1 Corinthiens 4	Ezéchiel 2	Psaume 38
31 Août	1 Samuel 24	1 Corinthiens 5	Ezéchiel 3	Psaume 39
1er Septembre	1 Samuel 25	1 Corinthiens 6	Ezéchiel 4	Psaumes 40-41
2 Septembre	1 Samuel 26	1 Corinthiens 7	Ezéchiel 5	Psaumes 42-43
3 Septembre	1 Samuel 27	1 Corinthiens 8	Ezéchiel 6	Psaume 44
4 Septembre	1 Samuel 28	1 Corinthiens 9	Ezéchiel 7	Psaume 45
5 Septembre	1 Samuel 29-30	1 Corinthiens 10	Ezéchiel 8	Psaumes 46-47
6 Septembre	1 Samuel 31	1 Corinthiens 11	Ezéchiel 9	Psaume 48
7 Septembre	2 Samuel 1	1 Corinthiens 12	Ezéchiel 10	Psaume 49
8 Septembre	2 Samuel 2	1 Corinthiens 13	Ezéchiel 11	Psaume 50
9 Septembre	2 Samuel 3	1 Corinthiens 14	Ezéchiel 12	Psaume 51
10 Septembre	2 Samuel 4-5	1 Corinthiens 15	Ezéchiel 13	Psaumes 52-54
11 Septembre	2 Samuel 6	1 Corinthiens 16	Ezéchiel 14	Psaume 55
12 Septembre	2 Samuel 7	2 Corinthiens 1	Ezéchiel 15	Psaumes 56-57
13 Septembre	2 Samuel 8-9	2 Corinthiens 2	Ezéchiel 16	Psaumes 58-59
14 Septembre	2 Samuel 10	2 Corinthiens 3	Ezéchiel 17	Psaumes 60-61
15 Septembre	2 Samuel 11	2 Corinthiens 4	Ezéchiel 18	Psaumes 62-63
16 Septembre	2 Samuel 12	2 Corinthiens 5	Ezéchiel 19	Psaumes 64-65
17 Septembre	2 Samuel 13	2 Corinthiens 6	Ezéchiel 20	Psaumes 66-67
18 Septembre	2 Samuel 14	2 Corinthiens 7	Ezéchiel 21	Psaume 68
19 Septembre	2 Samuel 15	2 Corinthiens 8	Ezéchiel 22	Psaume 69
20 Septembre	2 Samuel 16	2 Corinthiens 9	Ezéchiel 23	Psaumes 70-71
21 Septembre	2 Samuel 17	2 Corinthiens 10	Ezéchiel 24	Psaume 72
22 Septembre	2 Samuel 18	2 Corinthiens 11	Ezéchiel 25	Psaume 73
23 Septembre	2 Samuel 19	2 Corinthiens 12	Ezéchiel 26	Psaume 74
24 Septembre	2 Samuel 20	2 Corinthiens 13	Ezéchiel 27	Psaumes 75-76
25 Septembre	2 Samuel 21	Galates 1	Ezéchiel 28	Psaume 77

26 Septembre	2 Samuel 22	Galates 2	Ezéchiel 29	Psaume 78:1-39
27 Septembre	2 Samuel 23	Galates 3	Ezéchiel 30	Psaume 78:40-72
28 Septembre	2 Samuel 24	Galates 4	Ezéchiel 31	Psaume 79
29 Septembre	1 Rois 1	Galates 5	Ezéchiel 32	Psaume 80
30 Septembre	1 Rois 2	Galates 6	Ezéchiel 33	Psaumes 81-82
1ᵉʳ Octobre	1 Rois 3	Ephésiens 1	Ezéchiel 34	Psaumes 83-84
2 Octobre	1 Rois 4-5	Ephésiens 2	Ezéchiel 35	Psaume 85
3 Octobre	1 Rois 6	Ephésiens 3	Ezéchiel 36	Psaumes 86-87
4 Octobre	1 Rois 7	Ephésiens 4	Ezéchiel 37	Psaume 88
5 Octobre	1 Rois 8	Ephésiens 5	Ezéchiel 38	Psaume 89
6 Octobre	1 Rois 9	Ephésiens 6	Ezéchiel 39	Psaume 90
7 Octobre	1 Rois 10	Philippiens 1	Ezéchiel 40	Psaume 91
8 Octobre	1 Rois 11	Philippiens 2	Eéchiel 41	Psaumes 92-93
9 Octobre	1 Rois 12	Philippiens 3	Ezéchiel 42	Psaume 94
10 Octobre	1 Rois 13	Philippiens 4	Ezéchiel 43	Psaumes 95-96
11 Octobre	1 Rois 14	Colossiens 1	Ezéchiel 44	Psaumes 97-98
12 Octobre	1 Rois 15	Colossiens 2	Ezéchiel 45	Psaumes 99-101
13 Octobre	1 Rois 16	Colossiens 3	Ezéchiel 46	Psaume 102
14 Octobre	1 Rois 17	Colossiens 4	Ezéchiel 47	Psaume 103
15 Octobre	1 Rois 18	1 Thessaloniciens 1	Ezéchiel 48	Psaume 104
16 Octobre	1 Rois 19	1 Thessaloniciens 2	Daniel 1	Psaume 105
17 Octobre	1 Rois 20	1 Thessaloniciens 3	Daniel 2	Psaume 106
18 Octobre	1 Rois 21	1 Thessaloniciens 4	Daniel 3	Psaume 107
19 Octobre	1 Rois 22	1 Thessaloniciens 5	Daniel 4	Psaumes 108-109
20 Octobre	2 Rois 1	2 Thessaloniciens 1	Daniel 5	Psaumes 110-111
21 Octobre	2 Rois 2	2 Thessaloniciens 2	Daniel 6	Psaumes 112-113
22 Octobre	2 Rois 3	2 Thessaloniciens 3	Daniel 7	Psaumes 114-115
23 Octobre	2 Rois 4	1 Timothée 1	Daniel 8	Psaume 116
24 Octobre	2 Rois 5	1 Timothée 2	Daniel 9	Psaumes 117-118
25 Octobre	2 Rois 6	1 Timothée 3	Daniel 10	Psaume 119:1-24
26 Octobre	2 Rois 7	1 Timothée 4	Daniel 11	Psaume 119:25-48

27 Octobre	2 Rois 8	1 Timothée 5	Daniel 12	Psaume 119:49-72
28 Octobre	2 Rois 9	1 Timothée 6	Osée 1	Psaume 119:73-96
29 Octobre	2 Rois 10-11	2 Timothée 1	Osée 2	Psaume 119:97-120
30 Octobre	2 Rois 12	2 Timothée 2	Osée 3-4	Psaume 119:121_144
31 Octobre	2 Rois 13	2 Timothée 3	Osée 5-6	Psaume 119:145-176
1er Novembre	2 Rois 14	2 Timothée 4	Osée 7	Psaumes 120-122
2 Novembre	2 Rois 15	Tite 1	Osée 8	Psaumes 123-125
3 Novembre	2 Rois 16	Tite 2	Osée 9	Psaumes 126-128
4 Novembre	2 Rois 17	Tite 3	Osée 10	Psaumes 129-131
5 Novembre	2 Rois 18	Philémon	Osée 11	Psaumes 132-134
6 Novembre	2 Rois 19	Hébreux 1	Osée 12	Psaumes 135-136
7 Novembre	2 Rois 20	Hébreux 2	Osée 13	Psaumes 137-138
8 Novembre	2 Rois 21	Hébreux 3	Osée 14	Psaume 139
9 Novembre	2 Rois 22	Hébreux 4	Joël 1	Psaumes 140-141
10 Novembre	2 Rois 23	Hébreux 5	Joël 2	Psaumes 142-143
11 Novembre	2 Rois 24	Hébreux 6	Joël 3	Psaume 144
12 Novembre	2 Rois 25	Hébreux 7	Amos 1	Psaume 145
13 Novembre	1 Chroniques 1-2	Hébreux 8	Amos 2	Psaumes 146-147
14 Novembre	1 Chroniques 3-4	Hébreux 9	Amos 3	Psaume 148
15 Novembre	1 Chroniques 5-6	Hébreux 10	Amos 4	Psaumes 149-150
16 Novembre	1 Chroniques 7-8	Hébreux 11	Amos 5	Luc 1:1-38
17 Novembre	1 Chroniques 9-10	Hébreux 12	Amos 6	Luc 1:39-80
18 Novembre	1 Chroniques 11-12	Hébreux 13	Amos 7	Luc 2
19 Novembre	1 Chroniques 13-14	Jacques 1	Amos 8	Luc 3
20 Novembre	1 Chroniques 15	Jacques 2	Amos 9	Luc 4
21 Novembre	1 Chroniques 16	Jacques 3	Abdias	Luc 5
22 Novembre	1 Chroniques 17	Jacques 4	Jonas 1	Luc 6
23 Novembre	1 Chroniques 18	Jacques 5	Jonas 2	Luc 7
24 Novembre	1 Chroniques 19-20	1 Pierre 1	Jonas 3	Luc 8
25 Novembre	1 Chroniques 21	1 Pierre 2	Jonas 4	Luc 9
26 Novembre	1 Chroniques 22	1 Pierre 3	Michée 1	Luc 10
27 Novembre	1 Chroniques 23	1 Pierre 4	Michée 2	Luc 11

28 Novembre	1 Chroniques 24-25	1 Pierre 5	Michée 3	Luc 12
29 Novembre	1 Chroniques 26-27	2 Pierre 1	Michée 4	Luc 13
30 Novembre	1 Chroniques 28	2 Pierre 2	Michée 5	Luc 14
1er Décembre	1 Chroniques 29	2 Pierre 3	Michée 6	Luc 15
2 Décembre	2 Chroniques 1	1 Jean 1	Michée 7	Luc 16
3 Décembre	2 Chroniques 2	1 Jean 2	Nahum 1	Luc 17
4 Décembre	2 Chroniques 3-4	1 Jean 3	Nahum 2	Luc 18
5 Décembre	2 Chroniques 5:1-6:11	1 Jean 4	Nahum 3	Luc 19
6 Décembre	2 Chroniques 6:12-42	1 Jean 5	Habakuk 1	Luc 20
7 Décembre	2 Chroniques 7	2 Jean	Habakuk 2	Luc 21
8 Décembre	2 Chroniques 8	3 Jean	Habakuk 3	Luc 22
9 Décembre	2 Chronqiues 9	Jude	Sophonie 1	Luc 23
10 Décembre	2 Chroniques 10	Apocalypse 1	Sophonie 2	Luc 24
11 Décembre	2 Chroniques 11-12	Apocalypse 2	Sophonie 3	Jean 1
12 Décembre	2 Chroniques 13	Apocalypse 3	Aggée 1	Jean 2
13 Décembre	2 Chroniques 14-15	Apocalypse 4	Aggée 2	Jean 3
14 Décembre	2 Chroniques 16	Apocalypse 5	Zacharie 1	Jean 4
15 Décembre	2 Chroniques 17	Apocalypse 6	Zacharie 2	Jean 5
16 Décembre	2 Chroniques 18	Apocalypse 7	Zacharie 3	Jean 6
17 Décembre	2 Chroniques 19-20	Apocalypse 8	Zacharie 4	Jean 7
18 Décembre	2 Chroniques 21	Apocalypse 9	Zacharie 5	Jean 8
19 Décembre	2 Chroniques 22-23	Apocalypse 10	Zacharie 6	Jean 9
20 Décembre	2 Chroniques 24	Apocalypse 11	Zacharie 7	Jean 10
21 Décembre	2 Chroniques 25	Apocalypse 12	Zacharie 8	Jean 11
22 Décembre	2 Chronqiues 26	Apocalypse 13	Zacharie 9	Jean 12
23 Décembre	2 Chroniques 27-28	Apocalypse 14	Zacharie 10	Jean 13
24 Décembre	2 Chroniques 29	Apocalypse 15	Zacharie 11	Jean 14
25 Décembre	2 Chroniques 30	Apocalypse 16	Zacharie 12	Jean 15
26 Décembre	2 Chroniques 31	Apocalypse 17	Zacharie 13	Jean 16
27 Décembre	2 Chroniques 32	Apocalypse 18	Zacharie 14	Jean 17
28 Décembre	2 Chroniques 33	Apocalypse 19	Malachie 1	Jenn 18

29 Décembre	2 Chroniques 34	Apocalypse 20	Malachie 2	Jean 19
30 Décembre	2 Chroniques 35	Apocalypse 21	Malachie 3	Jean 20
31 Décembre	2 Chroniques 36	Apocalypse 22	Malachie 4	Jean 21

AUTRES PUBLICATIONS DE LANGHAM PREACHING RESOURCES

Greg Scharf : *Relational Preaching* (2010)
Disponible en version brochée et en version électronique

Phil Crowter : *Prêcher la Grande Histoire de Dieu*
Phil Crowter : *Prêcher Marc*
Disponibles en version brochée

À paraître

Christopher J. H. Wright : *Preaching from the Old Testament*
Christopher J. H. Wright : *Knowing Jesus Through the Old Testament*

Langham
PARTNERSHIP

Langham Partnership est un organisme chrétien international et interdénominationnel qui poursuit la vision reçue de Dieu par son fondateur, John Stott -

promouvoir la croissance de l'église vers la maturité en Christ en relevant la qualité de la prédication et de l'enseignement de la Parole de Dieu.

Notre vision est de voir des églises équipées pour la mission, croissant en maturité en Christ, par le ministère de pasteurs et de responsables qui croient, qui enseignent et qui vivent la Parole de Dieu.

Notre mission est de renforcer le ministère de la Parole de Dieu de trois manières:

- par la mise en place de mouvements nationaux de formation à la prédication biblique
- par la rédaction et la distribution de livres évangéliques
- par la formation d'enseignants théologiques évangéliques qualifiés qui formeront ensuite des pasteurs et responsables d'églises dans leurs pays respectifs

Notre ministère

Langham Preaching collabore avec des responsables nationaux en vue de la création de mouvements de prédication biblique dirigés par les nationaux eux- mêmes. Ces mouvements, qui naissent progressivement un peu partout dans le monde, rassemblent non seulement des pasteurs mais aussi des laïcs. Nos équipes de formateurs venus de beaucoup de pays différents proposent une formation pratique qui comporte plusieurs niveaux, suivie d'une formation de facilitateurs locaux. La continuité est assurée par des groupes de prédicateurs locaux et par des réseaux régionaux et nationaux. Ainsi nous espérons bâtir des mouvements solides et dynamiques, constitués de prédicateurs entièrement consacrés à la prédication biblique.

Langham Literature fournit des livres évangéliques et des ressources électroniques à des leaders et futurs leaders dans le monde majoritaire. Des pasteurs mais aussi des étudiants en théologie et des bibliothèques reçoivent des bourses, peuvent acheter des livres à bas prix et bénéficient aussi de distributions gratuites. Nous encourageons aussi la rédaction de livres évangéliques originaux dans de nombreuses langues nationales. Dans ce but nous proposons des ateliers de formation pour de futurs écrivains et éditeurs, nous trouvons des sponsors pour de nouvelles initiatives d'écriture, nous encourageons la traduction, nous soutenons les maisons d'éditions évangéliques et nous investissons dans quelques projets majeurs comme le récent *Commentaire Biblique Contemporain* qui est un commentaire de la Bible en un volume rédigé par des auteurs africains pour l'Afrique.

Langham Scholars soutient financièrement des doctorants évangéliques du monde majoritaire dans le but de les voir retourner dans leurs pays d'origine pour former des pasteurs et d'autres chrétiens nationaux en leur proposant un enseignement biblique et théologique solide. Cette branche de Langham cherche donc à équiper ceux qui en équiperont d'autres. Langham Scholars travaille aussi en partenariat avec des séminaires dans le monde majoritaire afin de renforcer l'éducation théologique évangélique sur place. De ce fait, un nombre croissant de « Langham Scholars » (le nom « Scholars » signifie « boursiers ») peut aujourd'hui suivre des programmes doctoraux de haut niveau au cœur même du monde majoritaire. Une fois leurs études terminées, ces « Langham Scholars » vont non seulement former à leur tour une nouvelle génération de pasteurs mais exercer une grande influence par leurs écrits et par leur leadership.

Pour plus d'informations, consultez notre site: langham.org